Cómo REDIMIR el TIEMPO

CHUCK D. PIERCE

CASA CREACIÓN
A STRANG COMPANY

La mayoría de los productos de Casa Creación están disponibles a un precio con descuento en cantidades de mayoreo para promociones de ventas, ofertas especiales, levantar fondos y atender necesidades educativas. Para más información, escriba a Casa Creación, 600 Rinehart Road, Lake Mary, Florida, 32746; o llame al teléfono (407) 333-7117 en Estados Unidos.

Cómo redimir el tiempo por Chuck D. Pierce
Publicado por Casa Creación
Una compañía de Strang Communications
600 Rinehart Road
Lake Mary, Florida 32746
www.casacreacion.com

La cita de la Escritura marcada (BJ) corresponde a la Biblia de Jerusalén, 3º edición, recurso en castellano provisto por www.ebenezer.hn para e-Sword - La espada electrónica, ©2000-2009 Rick Meyers, versión 8.0.6. Usada con permiso.

Nota a la edición en español: La grafía de los términos en griego corresponde a la utilizada por la *Nueva concordancia Strong exhaustiva*, James Strong, Editorial Caribe, edición editada y corregida en agosto de 2003.

Originally published in English under the title:
Redeeming the Time © 2009 by Chuck D. Pierce
Published by Charisma House, A Strang Company,
Lake Mary FL 32746

Traducido por María Mercedes Pérez, María del C. Fabbri Rojas y María Bettina López.
Edición: María del C. Fabbri Rojas
Diseño de portada por Bill Johnson y Judith Wright
Diseño interior por Jeanne Logue

Library of Congress Control Number: 2009925566
ISBN: 978-1-59979-443-3

Impreso en los Estados Unidos de América
09 10 11 12 13 * 7 6 5 4 3 2 1

Redimir el tiempo significa:
* Hacer Buen uso del Tiempo *
Se debe Redimir el Tiempo liberándolo de Actividades inútiles y dedicandolo a propósitos más Altos.
12/31/2022
Efesios 5:6:- Aprovechando Bien El Tiempo X Q' los días son malos.

Colosenses 4:5. — Andad sabiamente para con los de Afuera, redimiendo el Tiempo

CONTENIDO

PRÓLOGO

EL TIEMPO... Lo malgastamos, lo manipulamos, incluso lo matamos, pero cuando se ha ido, nunca podemos recuperarlo. ¿O podemos? En este libro de mi marido, Chuck Pierce, el concepto de redimir el tiempo es examinado a través de los ojos de un hombre que comprende y aprecia el valor del tiempo y la necesidad que todos experimentamos: la necesidad de recomprar el tiempo, corregir nuestros errores y limpiar nuestras pizarras espirituales.

Tanto Chuck como yo experimentamos infancias manchadas por el alcoholismo y los efectos que lo acompañan. Como los hijos de muchos alcohólicos, nos sentíamos estafados, privados de la vida normal de una familia funcional, y habríamos agradecido la posibilidad de volver atrás el tiempo y tener otra oportunidad con uno o ambos de nuestros padres. Y aunque parezca increíble, hoy reconocemos que quienes somos es atribuible en gran parte a las circunstancias de nuestra infancia. Afortunadamente no tenemos acceso a una máquina del tiempo física, literal, así que no tenemos la posibilidad de volver atrás y alterar los desafíos que nos formaron. Pero sí tenemos acceso al poder redentivo del Eterno, que hace todas las cosas cooperen para nuestro bien y para sus propósitos.

Los conceptos y principios establecidos en este libro se centran en el misterio y la maravilla del tiempo tal como Dios lo define y ordena. A pesar de cómo nosotros los seres humanos despilfarramos el tiempo que nos es dado o tratamos de manipular el reloj para hacerlo calzar en nuestros planes, Dios es en última instancia el Único que lo controla. Por esto, podemos entrar en una nueva dimensión de fe que involucra al tiempo. Con un nuevo entendimiento del tiempo y del plan redentor de Dios para cada uno de nosotros —sea pasado, presente, o futuro— podemos embarcarnos en una aventura totalmente nueva en lo que al tiempo se refiere.

Sean cuales fueren sus circunstancias actuales, usted puede enfrentar el futuro con esperanza, sabiendo que el Dios de su pasado y de su presente está ordenando sus pasos. Este libro abrirá su corazón y su mente a la realidad de la presencia de Dios en cada ciclo de su vida. Preparémonos para cambiar a nuevos llamados y a nuevas victorias.

—Pam Pierce
Febrero 2009

CAPÍTULO 1

LOS NUEVOS LLAMADOS: USTED *PUEDE* HACER EL *CAMBIO*

EN EL REINO espiritual tanto como en el ámbito secular de la sociedad, oímos las palabras: "¡Es un nuevo día!". Las preguntas son:

- ¿Qué es un día?
- ¿Qué es nuevo?
- ¿Qué significa *eso* en mi vida?
- ¿Cómo progresamos, quienes me rodean y yo, en lo nuevo?
- ¿Puedo creer en lo nuevo?
- ¿Veré lo nuevo?
- ¿*Lo* reconoceré cuando *lo* vea?
- ¿Me perderé lo nuevo?
- Lo nuevo, ¿me perderá a mí?
- ¿Cómo puedo enmendar viejos errores y volver a ser nuevo?

Luego de escribir *Cómo interpretar los tiempos*, supe que había algunos aspectos del tiempo que no había comunicado por completo. Sabía que algunas personas han sufrido fracasos muy rotundos en sus vidas a causa de malas decisiones, y otras han quedado atrapadas en circunstancias muy terribles, y el tiempo era ahora el enemigo de ambos grupos.

Al conversar sobre esto con mi esposa, Pam, me recordó un principio de vida en el cual ella ha andado desde que conoció las Escrituras y fue consciente de que había un Dios en el cielo que la cuidaba. El principio en el que se basa este libro viene de su pasaje favorito de la Palabra, Efesios 5:8-16 (RV 1909, énfasis añadido):

> Porque en otro tiempo erais tinieblas; mas ahora sois luz en el Señor: andad como hijos de luz, (porque el fruto del Espíritu es en toda bondad, y justicia, y verdad;) aprobando lo que es agradable al Señor. Y no comuniquéis con las obras infructuosas de las tinieblas; sino antes bien redargüidlas. Porque torpe cosa es aun hablar de lo que ellos hacen en oculto. Mas todas las cosas cuando son redargüidas, son manifestadas por la luz; porque lo que manifiesta todo, la luz es. Por lo cual dice: Despiértate, tú que duermes, y levántate de los muertos, y te alumbrará Cristo. Mirad, pues, cómo andéis avisadamente; no como necios, mas como sabios; *redimiendo el tiempo*, porque los días son malos.

Pam ha utilizado estos versículos de las Escrituras en las muchas pruebas que hemos atravesado y en nuestra vida de oración, al interceder por otros. He aprendido a utilizarlos al orar por las naciones. Mi meta es que al leer este libro, usted aprenda a usar el poder de esta Palabra cuando busque al Señor, sea cual fuere la razón por la que necesite hacerlo.

Redimir significa: "Recomprar o ser liberado de la cárcel". Hemos estado en una temporada de recompra. Al avanzar hacia el futuro, ¡debemos recibir el precio de nuestras batallas! El concepto de tiempo —pasado, presente y futuro— así como el de espacio, ¡es muy importante! Al hablar con Pam sobre aquellos versículos de la Escritura, le compartí también uno de mis pasajes favoritos, que es Hechos 17:24—28:

> El Dios que hizo el mundo y todas las cosas que en él hay, siendo Señor del cielo y de la tierra, no habita en templos hechos por manos humanas, ni es honrado por manos de hombres, como si necesitase de algo; pues Él es quien da a todos vida y aliento y todas las cosas. Y de una sangre ha hecho todo el linaje de los hombres, para que habiten sobre toda la faz de la tierra; y les ha prefijado el orden de los tiempos, y los límites de su habitación; para que busquen a Dios, si en alguna manera, palpando, puedan hallarle, aunque ciertamente no está lejos de cada uno de nosotros. Porque en él vivimos, y nos movemos, y somos; como algunos de vuestros propios poetas también han dicho: Porque linaje suyo somos.

Este pasaje dice que cuando estamos en el lugar *correcto* en el tiempo *correcto*, Dios extiende la línea de nuestro horizonte para que podamos ver en el futuro.

De manera que, ¿cómo obran el tiempo y el espacio a nuestro favor para hacer que nuestras reacciones, errores, esperanzas perdidas, deseos equivocados, oportunidades perdidas, y todo el colosal desastre, para que puedan ser redimidos o *recomprados*? ¿Cómo logramos dejar atrás el pasado, aceptar nuestras pérdidas y proyectarnos hacia el futuro que tenemos por delante? Espero que encuentre aliento y respuestas en lo que se expondrá en estas páginas. Trataré de desarrollar un patrón de pensamiento y de recordarle a lo largo de todo el libro que usted puede desarrollar una relación con el Redentor que puede redimir sus días, ayudarlo a superar situaciones negativas, y abrir paso al nuevo día que tiene por delante.

Recuerde: el sol saldrá mañana, un nuevo día comenzará, ¡y podrá contemplar un nuevo horizonte que se ha formado para usted!

¡Anímese a entrar en lo NUEVO!

En la histórica elección de Estados Unidos en 2008, oímos a la gente gritar y cantar: "¡Es un nuevo día!". Oímos a otros que exclamaban que los tiempos han cambiado, que nuestra nación ya no sería la misma que habíamos conocido, y que íbamos camino a la destrucción. En cada gran época de cambio de liderazgo y realineamiento de poder, se desarrolla una gran división en la forma de pensar de la gente. Mi rol ha sido profetizar correctamente los cambios que vendrán en la vida del reino en los días que nos quedan por delante. Mi ha sido no polarizar tanto que no pueda separar la voz de Dios de la de mi propia voluntad.

En septiembre de 2007, un grupo de líderes me preguntó sobre las elecciones presidenciales que tendríamos en noviembre de 2008. Les dije: "Es un momento clave. Creo que el Señor me ha mostrado que el deseo de muchos en esta nación es "Cambiar", por lo que es muy probable que Barack Obama gane las elecciones. Personalmente, esperaré ¡y votaré por el vicepresidente!".

Muchos de mis amigos y compañeros de trabajo estaban preocupados por esta afirmación. Por respeto a ellos, no compartí abiertamente mis puntos de vista. Siempre debemos estar preparados para oír correctamente y luego interpretar cuidadosamente lo que estemos oyendo. Dios gusta comunicarnos sus anhelos y la forma en que piensa pero no siempre reflejamos su voluntad; Él nos da la libertad de elegir y a nuestra conciencia la capacidad de dictaminar. Es por ello que envié al Cuerpo de Cristo de todo el mundo temas en los cuales centrar nuestra oración. Creo que si mantenemos nuestras mentes enfocadas en lo que la Palabra de Dios está diciendo, seremos capaces de mantener vivas nuestras conciencias.

El senador Barack Obama del estado de Illinois, Estados Unidos, era *algo nuevo* para muchos. En una nación formada por descendientes de angloeuropeos, nunca había sido elegido un hombre de raza negra para ocupar el cargo más alto de la tierra. De hecho, en Estados Unidos, con su sistema de raíces esclavistas, muchos creyeron que un hombre de raza negra jamás podría ser elegido.

Esta elección siguió a una de las peores épocas de la historia norteamericana. Siete años antes de esta elección, fuerzas terroristas islámicas nos habían atacado, provocando como resultado una de las mayores devastaciones del mundo. Dos de los edificios más altos de Estados Unidos, las Torres Gemelas del Centro de Comercio Mundial en la ciudad de Nueva York, habían sido derribadas, matando a casi tres mil personas.[1] El presidente George W. Bush había conducido a los Estados Unidos durante los primeros ocho años del siglo XXI. En las elecciones de noviembre de 2008, hubo un gran revuelo contra la administración de entonces.

El eslogan de campaña del senador Obama fue: "Un cambio en el que podamos creer".[2] A pesar de que no especificó en manera alguna cómo sería ese cambio, el mensaje en sí mismo creó un movimiento que se arraigó en toda la nación. El senador Obama, de tendencia liberal, desafió la estructura histórica de la nación y fue elegido Presidente en noviembre de 2008. Esto creó un disenso polarizado en todo el país. No sólo se encontraba mucha polarización en el sistema bipartidista, sino que estaban desilusionados porque los valores morales de la nación estaban cambiando hacia una tendencia más liberal. La raza parecía ser un tema menor que conservadurismo versus liberalismo y el temor de una corte que cambie las reglas de moralidad de la nación y la aparte de la plomada de la justicia de Dios.

Sin embargo, ha llegado el tiempo del cambio para nuestro país. ¡El grito era válido! ¿Pero fueron oídas las oraciones de ambos bandos, izquierda y derecha, en el cielo? ¿Dios favoreció más a la izquierda que a la derecha? ¿O será que el Señor está trabajando en un plan superior respecto a los cambios en nuestra atmósfera?

Llega un tiempo en que los odres cambian. El Señor tiene un día para que una estructura que ha estado en un lugar cambie. Creo que el Señor inicia el cambio. Creo que nosotros elegimos qué clase de cambio deseamos recibir. ¡Considero que a fines de 2008 entramos en un año de un nuevo odre! Así como hemos visto a los Estados Unidos de Norteamérica cambiar al siguiente odre en el gobierno civil, estamos viendo a la Iglesia cambiar en su pensamiento.

Recuerde, somos un pueblo que es una *nación que se encuentra por encima de todas las demás naciones*. Sin embargo, en lo que concierne a los gobiernos de este mundo, somos llamados a orar por todos los que están en eminencia, no sólo por los que preferimos que ganen una elección. Somos un "pueblo elegido", no un sector político. Somos personas que podemos cambiar el curso de la historia con nuestras oraciones y nuestras acciones de fe. Jesús tuvo que lidiar con la mentalidad de algunos de sus líderes clave, que estaban más interesados en hacer de Él el rey de una nación, que en reconocerlo como Rey del Reino de Dios.

Debemos confiar en el Espíritu Santo al entrar en la nueva etapa. El Espíritu Santo debe convertirse en nuestro guardaespaldas mientras avanzamos. A menos que el Espíritu Santo continúe participando en la historia de cada país, conduciéndolo a su pacto con Dios, el mal se apoderará de la sociedad y la raíz de nuestro pacto con el Creador se debilitará. El Espíritu Santo nos capacita para triunfar mientras atravesamos grandes cambios. Al acercarnos al futuro, la verdadera cuestión siempre tiene que ver con el cambio de corazón y la expresión unificada de su pueblo, que soltará una unción por toda la tierra. ¡La unción rompe el yugo! Dios siempre tiene una *reserva triunfante* de generación en generación, que saldrá adelante con poder y fuerzas renovadas.

El cambio no es fácil

En el caso de Estados Unidos, debemos darnos cuenta de que los cambios en nuestra nación sucedieron hace varios años, pero Dios tiene su tiempo para la completa manifestación del cambio. Otro de mis pasajes favoritos de la Escritura es la profecía del Señor a Abraham cuando hace pacto con él en Génesis 15. Hay un tiempo en que la estructura (el odre) que demuestra estos cambios se desarrolla. Nuestra alineación de pacto revela nuestro futuro. De allí surgen varias preguntas clave:

- ¿Cómo haremos, como verdadero pueblo profético de Dios, para traer a luz la revelación (el vino) para derramarlo sobre esa estructura?
- ¿La Iglesia se volverá relevante ahora o seguirá aferrada a ideales que nada tienen que ver con los asuntos verdaderamente importantes de esta época?
- ¿Seguiremos como nación alineados al pacto enraizado en la nación de Israel?
- ¿Reflejarán las leyes el orden moral de Dios o reflejarán un nuevo tipo de ley que beneficie el control de un nuevo tipo de sistema?

Debemos recordar que en los libros hay muchas leyes que no tienen relevancia alguna hoy. Sin embargo, cada una de ellas es una ley. Aprobar leyes en el futuro será una cuestión, pero la *principal* cuestión será el cambio de corazón y la expresión unificada de su pueblo, lo cual liberará una unción en esta nación y en toda la tierra. ¿Permitiremos que esa unción que rompe los yugos resurja desde el odre del pueblo del reino de Dios, o seremos derrotados y vencidos por la presión del gobierno de una nación que actúa en forma contraria al propósito de Dios?

El día después de la elección presidencial de 2008, Anne Tate, nuestra líder de oración en Glory of Zion International, escribió lo siguiente:

Durante el tiempo que duró esta elección, he aprendido varias cosas. He observado cuidadosamente cómo se desarrollaba la vida de oración de los miembros del Cuerpo de Cristo conectados con nosotros. He recibido e-mails de intercesores y profetas que predijeron y proclamaron que el resultado electoral tendría un resultado diferente al que estamos viendo esta mañana. Chuck me ha venido advirtiendo durante los últimos seis meses que fuera cuidadosa al responder a estas expresiones de manera que no los llevara por mal camino ni los desalentara de seguir orando.

El Cuerpo de Cristo en su totalidad parece estar *interpretando* las palabras proféticas que han sido declaradas respecto del cambio que se aproximaba *de acuerdo con nuestros propios deseos*, en lugar de oír verdaderamente lo que el Señor estaba diciendo y discernirlo adecuadamente. Nuestro desafío de hoy es dejar atrás los deseos de nuestros propios corazones, que desviaban la voz del Señor. Los espíritus de autoengaño y mentira pueden causar estragos en momentos de grandes cambios. Debemos declarar la Palabra del Señor sin agregarle ni quitarle nada. Debemos ser cuidadosos en no mezclar nuestros propios deseos sino nuestra fe con la Palabra del Señor.

Como Chuck decía el domingo pasado (2 de noviembre de 2008), el Señor nos llevará al desierto en esta etapa para hacer que nuestros deseos se separen de lo que oímos decir al Señor y de cómo lo interpretamos. La Palabra del Señor para nosotros en el Cuerpo de Cristo fue votar con justicia. No fue votar de acuerdo con nuestros deseos, fuera quien fuese el candidato. Hoy estamos aprendiendo cómo discernir y seguir lo que el Señor está diciendo sin dejarnos llevar por nuestra

> "espiral" emocional. Manténgase firme en su lugar y orando, mientras entramos en esta nueva etapa.[3]

Incluiré todo un capítulo en este libro sobre este concepto de desierto. También desarrollaré el concepto de cómo reaccionan nuestras emociones cuando tratamos de entrar en un nuevo tiempo.

Reciba lo nuevo

La palabra *nuevo* es un término interesante. En mi libro anterior, *Cómo interpretar los tiempos*, hablé de cómo recibir lo nuevo. (Espero que también lea ese libro. Le ayudará a procesar los nuevos tiempos en que hemos entrado.) Decía lo siguiente:

> La meta que debiéramos tener en cada una de nuestras transiciones de la vida es lograr transitar exitosamente del final de una etapa al comienzo de la siguiente *nueva* etapa. La palabra *nuevo* puede referirse a algo que no ha sucedido ni existido antes. Sin embargo, *nuevo* se define generalmente como "diferente a algo de lo mismo que ya existía antes, algo añejo que se ha vuelto fresco, o algo de cierta calidad que ha evolucionado hasta lograr una calidad superior".
>
> Mateo 9:16 brinda un gran ejemplo de una enseñanza de Jesús sobre lo nuevo. Él se dirige a los discípulos de Juan y a los fariseos utilizando la analogía de los odres. Estos dos grupos conformaban dos tipos de odres espirituales. Los viejos odres lo estaban acusando porque sus discípulos no ayunaban como lo hacían ellos. Jesús les dijo, en resumen: "¡No lo haremos como se hacía antes, ni con los mismos métodos que funcionaron en el pasado!". Luego les dijo: "No sirve echar vino nuevo en odre viejo" (vea Mateo 9:17.) En otras palabras, era necesario desarrollar odres de mejor calidad para que pudieran recibir lo

> que les sería derramado durante aquellos tres años que Él compartiría con sus discípulos. Jesús dijo, y lo parafraseo: "Si se pone lo nuevo en lo viejo, perderás tanto lo viejo como lo nuevo. Preservemos lo que tenemos hasta acá. Pero desarrollemos una nueva calidad de estructura que pueda contener la revelación que será nuestro combustible para avanzar".[4]

Los discípulos de Juan el Bautista no querían entrar en la nueva etapa. Sólo Andrés dejó a Juan en el desierto y siguió a Jesús a las ciudades a comer con los publicanos y pecadores. A Juan tampoco le gustaban demasiado los cambios que se avecinaban para Israel por medio de Jesús, por quien él había orado, intercedido y preparado el camino.

Jesús llevó a sus discípulos a una nueva época con sus enseñanzas y ejemplo. Resucitó a una niña de doce años de entre los muertos. Cuando nos acercamos para alcanzar a esta niña, encontramos también a una mujer que padeció de flujo de sangre durante doce años, comprimida entre la multitud para tocarlo. Salió virtud de Él, y la mujer fue sanada inmediatamente. ¿Qué podemos aprender de esto? Recuerde que el tiempo es significativo aquí, de manera que primero veamos los doce años. *Doce* es un número que representa una nueva administración. *Doce* es el número que representa el don apostólico. La siguiente generación o administración yacía dormida (representada por la niña), mientras que la vieja administración se abría paso entre la multitud (representada por la mujer).

Cuando Jesús determina cambiar hacia lo nuevo, nos está enseñando a elegir cómo responder. La mujer con el flujo de sangre, que representaba a la época que ya pasó, tenía que abrirse paso a través de una cuestión de género; ella era mujer. Tenía que abrirse paso a través de la ley que excluía a cualquiera que tuviera flujo de sangre y la apartaba del público. Siempre habrá una multitud por la cual uno debe abrirse paso. Pero ella estaba desesperada, y el Señor la reconoció en medio de toda aquella multitud y la liberó de su época pasada y de aquella estructura religiosa conflictiva. Cuando presionamos y tocamos en nuestra desesperación, iniciamos nuestra próxima etapa de vida nueva.

La hijita de Jairo representaba la nueva administración. Cuando Jesús llegó, les dijo "no está muerta, sino que duerme" (Lucas 8:52). Luego de pedir a todos los que se lamentaban que salieran de la habitación, ¡le mandó que se levantara! La siguiente administración se despertó. Recuerde que el sufrimiento de una época debe terminar para que usted pueda despertar al nuevo tiempo.

En *Cómo interpretar los tiempos*, identifico ocho nuevas cuestiones a tener en cuenta en su vida, al pasar de una etapa a la siguiente. Reconsidere estos temas trimestralmente para estar seguro de que se mantiene concentrado en alcanzar su destino.

1. *Nueva identidad*. Que la plenitud de Dios fluya a través de su personalidad. Que su alma sea restaurada. ¡Que todo el temor y la manipulación que hayan invadido su identidad y lo hayan confinado a su pasado desaparezcan! Su personalidad nueva y transformada tendrá la capacidad de vencer los montes de la época pasada que detenían su progreso. (Vea Isaías 41; Zacarías 4.)

2. *Nuevas vestimentas de favor*. Vestimentas, favor e identidad, todos van de la mano. Cuando superamos las circunstancias que se interponen en el camino de nuestras vidas, desarrollamos un testimonio. Con nuestro testimonio viene el favor. El favor se parece mucho a la gracia, pero generalmente se relaciona con la obediencia. El favor abre puertas. Que usted triunfe e irradie favor, y tenga acceso a nuevas oportunidades.

3. *Nuevas relaciones.* Cuando el Señor está haciendo una obra nueva en nosotros, debemos evaluar todas nuestras relaciones. Él tiene conexiones nuevas, limpias y divinas que pondrá en nuestro camino. Él nos alinea sobrenaturalmente con otras personas que nos ayudarán a alcanzar un nivel superior de éxito. Él coloca a ciertas personas en nuestro camino para impulsarnos en él. Uno de los cambios más difíciles de hacer en la vida es dejar ir ciertas relaciones que podrían dificultar nuestro futuro. Sin embargo, cuando los lazos con esas almas se cortan, avanzamos.

4. *Nuevos hechos.* En la iglesia primitiva, el poder de Dios se manifestaba por medio de la unción del pañuelo de Pablo y la sombra de Pedro. Muchas demostraciones y actos de poder hechos por medio de los apóstoles quedaron registrados. A lo largo de la historia, cada vez que Dios está listo para hacer algo diferente, nuevos hechos comienzan a demostrar su poder actual. Debemos esperar ver al Señor interviniendo divinamente en nuestras vidas con señales, maravillas y milagros en cada nueva etapa a la que entremos.

5. *Nuevas armas para las guerras que tenemos por delante.* Con cada nueva etapa a la que entramos, debemos revaluar nuestro armamento. Existen diversos dones y muchas operaciones de esos dones. Nuestra armadura de fe debe estar reparada y brillante para poder remover cualquier herida de la época anterior. Nuestro cinturón de la verdad debe estar ceñido para que podamos luchar contra nuestros enemigos en esta era. Debemos ser personas que, como David, decidamos no escoger la armadura probada en la

etapa pasada, sino más bien desarrollar una propia que servirá para derrotar eficientemente los gigantes que haya en nuestro camino.

6. *Nuevos sonidos*. Que usted pueda oír el sonido de la victoria y lo grite desde las azoteas. Cada nueva etapa y cada nuevo movimiento están precedidos por una nueva canción. Cantamos antes de desarrollar nuestra teología. Nuevas canciones rompen antiguos ciclos. Los sonidos crean movimiento. La trompeta está tocando un nuevo sonido. Escuche con atención. Que pueda recibir todo lo que necesita para derrotar a sus enemigos.

7. *Una nueva unción.* La unción pudre el yugo. La unción hace que engrosemos para que cada peso que nos limita se caiga. La unción, la *mashach*, hace que tengamos tanto aceite que el enemigo no puede agarrarnos ni evitar que entremos en lo que Dios tiene para nosotros, que es lo mejor. ¡Que usted reciba esa nueva unción! (Vea el Salmo 92.)

8. *Un nuevo nivel de autoridad:* Que reciba la capacidad para mantener el control y dominio en la esfera de autoridad que le haya sido dada por el Señor. Que pueda guerrear y remover cada fortaleza de esa esfera. Que pueda llevar cautivo todo pensamiento a la obediencia a Cristo de manera que pueda avanzar y cosechar el campo que Él le ha dado. Que su autoridad sea demostrada por el ejercicio del poder sobre los enemigos que podrían dificultar su progreso. (Vea 2 Corintios 10.)[5]

¡El nuevo cambio produce una división!

Hay un tiempo en que usted deja atrás la transición y cambia hacia lo nuevo. Ya no se puede seguir profetizando que lo nuevo va a ocurrir. Hay un tiempo en que lo nuevo sucede. En ese momento, todo nuestro ser debe dar un giro. Podemos tener algunas dificultades al querer cambiar a una nueva etapa, por lo que deberíamos definir la palabra *cambio*.

Un *cambio* es una alteración o modificación, es "un cambio de lugar, posición o dirección". Un *cambio* también incluye un intercambio o reemplazo de una cosa por otra. Un *cambio* es cuando tocamos la palanca de cambio para poder acelerar. Un *cambio* también puede ser un plan solapado o engañoso. Por lo tanto, en nuestro cambio debemos reconocer que el enemigo está tramando algo para detenernos. Un cambio también implica un tiempo determinado.

Durante el cambio hay sacudones. Piense en una falla geológica. Una grieta es un sitio de división. Dios tiene un tiempo en que la división resulta necesaria para que su pacto se desarrolle en forma diferente. Jesús lo dijo de esta manera: "No he venido para traer paz, sino espada" (Mateo 10:34). ¡Sólo asegurémonos de que en el reino de Dios no usemos la espada entre nosotros mismos!

El cambio produce un desplazamiento, pero también puede producir divisiones en cada una de las áreas que acabamos de mencionar, especialmente en las relaciones.

Las aguas del cambio producen un río que corre y se divide

Llega un momento en que las aguas del cambio deben crecer. Esto produce un río. Los ríos son poderosos. ¡Los ríos fluyen! En ocasiones, lo hacen en forma torrencial; otras, en calma. En este tiempo serán más torrenciales que nunca. Oí estas palabras bien en lo profundo de mi espíritu: "¡Cuidado con este invierno!". Los torrentes invernales a veces surgen con una fuerza repentina y desoladora. Lo que el Señor parece estar diciendo es: "Estén listos para los cambios acelerados que se vienen. Han entrado en la estación invernal: prepárense en consecuencia".

Dije al Señor: "¿Me dices que el invierno ya pasó?".

Él me respondió: "¡Diré eso cuando haya pasado! ¿Quieres conocer las estaciones para vestirte adecuadamente, o prefieres entrar en una estación sin preparación y en forma contraria a mi voluntad?".

El 31 de mayo de 2008 estaba ministrando a una de las mayores concurrencias de esta nación en Liberty Park, New Jersey, y como el espíritu de profecía comenzó a caer, manifesté cómo se vería nuestra nación en el futuro. Todavía no he tenido la libertad de hablar de todo lo que vi. En octubre de 2008, me encontraba con Pam y algunos de mis hijos en el Gran Cañón. El Gran Cañón es una de las maravillas naturales del mundo. Mientras estábamos contemplando una de las vistas de las pendientes rocosas el Señor me recordó la reunión en New Jersey y me habló: "Un nuevo tipo de río está creciendo en esta tierra. Ese río creará un cisma como ningún otro que la nación haya visto jamás".

Esté preparado; esta nación, tal como la conocemos, ya nunca más será la misma. El Señor también dijo: "Te he traído a la etapa del nuevo odre. Dile a mi pueblo que esté preparado para el cambio de estructuras. Esta nación (Estados Unidos) es un odre, y cambiará".

Mientras seguía allí, de pie sobre el borde, contemplando la maravillosa vista del poder y la creación de Dios, vi algo. Lo que vi se aceleró en mi interior y me recordó lo que había visto en agosto de 2007. Fue cuando el Señor comenzó a mostrarme una nación dividida. Él ha seguido tratando conmigo desde el punto de vista de la intercesión, para estar preparado para el gran cisma que viene a esta nación.

Lo que vemos en lo natural se volverá espiritual. El Gran Cañón se formó probablemente cuando comenzó a fluir el Río Colorado, y *guau*: la tierra cambió. El río corta la tierra, encontrando aberturas y fallas que dan lugar a divisiones y que se ven como nada que alguien haya visto jamás.

Oí al Señor que decía: "Ese es el tipo de río que está viniendo. Un río que será torrencial y devastador para algunos, y refrescante y movilizador para otros, y los conducirá a un nuevo lugar de cosecha. La manera en que usted procese los cambios determinará cuán preparado estará para el futuro. Usted puede escoger estar a un lado u otro de la grieta, o puede sumergirse en el río y ¡viajar a su próximo destino en medio del cambiante curso de la tierra en este tiempo!".

La cuestión clave que debemos recordar en esta época es que el río crea divisiones. El río de Dios está agitando a los peces y también les abre paso para que lleguen al lugar en que habitarán en el futuro. Eso significa que la iglesia debe cambiar su estructura y prepararse para que el río corra por su curso y traiga nuevo peces a nuestras redes. Remiende sus redes y prepárese ya que los tiempos y las estaciones han cambiado. El Señor llenará nuestras redes si permanecemos creativamente en la creciente del río y no tememos.

¿Cisma o división? ¡Usted elige!

Un *cisma* es "una división o desunión de partes que se oponen mutuamente". En lenguaje eclesiástico, existe un cisma cuando se produce una división o separación formal debido a alguna diferencia doctrinal o administrativa en uno de los sectores del cuerpo, creando una ofensa que luego desencadena una división. La división es lo opuesto a la multiplicación.

> Pero ahora son muchos los miembros, pero el cuerpo es uno solo. Ni el ojo puede decir a la mano: No te necesito, ni tampoco la cabeza a los pies: No tengo necesidad de vosotros. Antes bien los miembros del cuerpo que parecen

más débiles, son los más necesarios; y a aquellos del cuerpo que nos parecen menos dignos, a éstos vestimos más dignamente; y los que en nosotros son menos decorosos, se tratan con más decoro. Porque los que en nosotros son más decorosos, no tienen necesidad; pero Dios ordenó el cuerpo, dando más abundante honor al que le faltaba, para que no haya desavenencia en el cuerpo, sino que los miembros todos se preocupen los unos por los otros. De manera que si un miembro padece, todos los miembros se duelen con él, y si un miembro recibe honra, todos los miembros con él se gozan

—1 CORINTIOS 12:20–26

Un cisma puede diferir del simple concepto de división, tal y como lo ve usualmente el Cuerpo de Cristo. *División* es "partirse o abrirse de un golpe". Una grieta es una abertura producida por algo que se partió. Puede ser como el Gran Cañón o también puede ocurrir cuando se rompen relaciones de amigos, o por diferencias de opinión. Podemos estar de acuerdo en no estar de acuerdo sin condenarnos unos a otros.

Estalló una abertura hacia nuestro futuro. Veo que el reino celestial ha soltado el río de Dios y ha creado un nuevo lugar para que nos levantemos y roguemos, para que su poder y su gloria vengan a la tierra. Los *ríos* y las *aguas* son utilizados frecuentemente en la Escritura para simbolizar la abundancia, así como la gracia de Dios (Salmos 36:8; 46:4; Isaías 32:2; 41:18; Juan 7:38), la paz (Isaías 66:12), los cosas buenas de la vida (Job 20:17; 29:6), y la providencia de Dios (Isaías 43:19—20). Los árboles fructíferos plantados junto al río son figura de la prosperidad permanente de los justos (Salmos 1:3; Jeremías 17:8).

Los ríos también pueden relacionarse con aflicción (Salmos 69:2; Isaías 43:2). La sequía de los ríos representa el juicio de Dios (Isaías 19:1—8; Jeremías 51:36; Nahum 1:4; Zacarías. 10:11), y pueden desbordarse (Isaías 8:7–8; 28:2, 17; Jeremías 47:2) o salirse de su cauce original. La forma en que el agua se derrama o fluye indica cuál es el mensaje del reino celestial del Dios Padre de la Creación para su pueblo. Es muy importante entender cómo entrar en las *aguas de cosecha* en este momento de la historia. Es un tiempo de violenta alabanza. ¡El río debe subir! Somos una nación que tiene muchas facciones. Comparto mucho sobre esa guerra sangrienta en *God's Unfolding Battle Plan* [6] (El plan de batalla revelado por Dios).

El río de Dios es vida. La vida de Dios siempre vence a la muerte. Debe volver a soltarse el río de su reino en Estados Unidos. Ezequiel 47:9 dice: "Y vivirá todo lo que entrare en este río". Este río tiene incluso el poder de sanar a las naciones (vea Ezequiel 47:12; Apocalipsis 22:1–2). Decir que necesitamos que se suelte el río de Dios es otra forma de decir que necesitamos un nuevo derramamiento de su Espíritu. Ninguna otra cosa podrá romper este espíritu de muerte y cisma político que se está levantando en nuestra tierra. Debemos volvernos al Señor. Esto significa que debemos arrepentirnos, es decir, cambiar nuestra forma de pensar. Debemos arrepentirnos por tener inclinaciones políticas divisivas que hacen que no representemos la justicia de Dios en las elecciones que hacemos. Somos una nación que está por encima de todas las demás naciones y siempre debemos representar su reino en las acciones que emprendemos sobre la tierra.

Elías estaba en medio de una división

Me encanta leer sobre Elías. Santiago decía que tenemos una composición emocional parecida a la de él. He estado estudiando el final de 1 Reyes 18 y el comienzo de 1 Reyes 19, y le pido a Dios revelación en cuanto a las estructuras de los "Baales" que podrían oponerse a nuestra nación. Elías llevó fielmente la Palabra del Señor en su corazón hasta que llegó el tiempo de interceder, traer la Palabra de Dios a su atmósfera, y producir un cambio. Él se dirigió a los poderes dominantes que estaban controlando la nación. Dios lo respaldó, y acabó con la falsa estructura que estaba socavando a la nación, manteniéndola cautiva. Hizo la famosa pregunta: "¿Hasta cuándo claudicaréis vosotros entre dos pensamientos? Si Jehová es Dios, seguidle; y si Baal, id en pos de él [¡pero elijan!] (mi propia paráfrasis).

La palabra hebrea para "claudicar" es *pasákj* (1 Reyes 18:21). Es la misma palabra que se utiliza para Pascua. La palabra también significa "brincar" o "renguear". En otras palabras: "¿Cruzarán, brincarán o renguearán en su camino hacia el futuro?" Es por ello que debemos procesar nuestros cambios y tomar cuidadosamente nuestras decisiones. ¡Nuestra elección puede hacer que tengamos que renguear o brincar en el futuro!

Después del nacimiento de la nueva estación, Elías se paró en la puerta de la nación. Sin embargo, el hombre fuerte, Jezabel, promulgó un decreto que abrió sus ojos al demonio que gobernaba la nación. Primera de Reyes 19:3 dice que "vio" su amenaza. Eso significa que las fuerzas demoníacas que había detrás de ella se podían ver en la atmósfera. Él "vio" a las fuerzas demoníacas dotando de poder a aquellas amenazas y no pudo hacerles frente. Esto le hizo abandonar su posición de victoria y huir. Necesitaba nuevas fuerzas de una nueva palabra de revelación que produjera una fe renovada dentro de él para poder seguir resistiendo.

Nos parecemos mucho a Elías: Santiago 5 lo dice. Deje que sus emociones se sometan al orden de Dios en este tiempo. Manténgase firme; ¡no corra! Espere la próxima palabra, y verá una generación que se levanta para derrocar la estructura de Jezabel en la tierra. Los espíritus de Babilonia han traído mucha confusión a nuestra nación. Viene algo de Dios que parecerá confuso, pero producirá un nuevo orden en esta tierra. No debemos poner en riesgo o posponer nuestro apoyo a la tierra del pacto de Dios. Babilonia se tambalea. Usted debe mantenerse firme en su relación con Israel y verá cómo Dios produce en esta tierra un pueblo que forjará nuestro futuro. Manténgase firme y ordene a esos espíritus que podrían dirigir negativamente a nuestros gobernantes que suelten su posición de influencia.

Haga el cambio que Dios le está pidiendo... ¡AHORA!

¡Renueve su entendimiento!

Lea Filipenses 2 y Romanos 8.

No se apoye en su propio entendimiento. Jamás tomará la decisión correcta con su conocimiento limitado. Filipenses 2:5—8 dice: "Haya, pues, en vosotros este sentir que hubo también en Cristo Jesús, el cual, siendo en forma de Dios, no estimó el ser igual a Dios como cosa a que aferrarse, sino que se despojó a sí mismo, tomando forma de siervo 'se humilló a sí mismo, haciéndose obediente'". Romanos 12:2 dice: "No os conforméis a este siglo, sino transformaos por medio de la renovación de vuestro entendimiento, para que comprobéis cuál sea la buena voluntad de Dios, agradable y perfecta". No permita que el plan de Satanás lo lleve a pensar como lo hace le mundo. No deje que las apariencias lo engañen, haciendo que usted se pierda lo que Dios está haciendo. Debemos comprobar la voz de Dios y practicar la voluntad de Dios en nuestra vida cotidiana. Romanos 8:7 dice: "Por cuanto los designios de la carne son enemistad contra Dios". Declare que el Señor pondrá su dedo en cada área de carnalidad de sus pensamientos.

¡Aprenda a expresar lo que hay en su corazón!

Memorice y medite sobre Proverbios 29:18 y 2 Crónicas 20:20.

Profetizar es expresar la mente y el corazón de Dios. Permita que el Señor trate con sus emociones. Invite al Espíritu de Dios a que domine sus emociones de manera que pueda oír el latido del corazón divino. Declare que la autocompasión y las esperanzas postergadas salen de usted. Ordénele a su amargura y falta de perdón que abandonen su alma. Exprese los anhelos de Dios en su forma de pensar. No permita que afectos desmesurados produzcan alineamientos inapropiados en su vida. El corazón puede tener pesos o ataduras. Declaro un corazón *libre* en usted. Sin revelación profética correcta, perecemos.

¡Cambie su atmósfera!

Lea Mateo 13.

¡Hable fe! Jesús no pudo hacer mucho en Nazaret porque la atmósfera estaba demasiado contaminada de incredulidad. Jesús era el Dios Todopoderoso que caminaba sobre la tierra, capaz de hacer señales y maravillas, pero aún así la atmósfera en Nazaret levantó una barrera para su intervención. ¡Destruya cualquier atmósfera negativa a su alrededor con declaraciones proféticas de victoria!

¡Haga proezas! ¡Optimice los recursos!

Memorice Daniel 11:32, que dice: "mas el pueblo que conoce a su Dios se esforzará y actuará". Se mantendrá Firme y hará frente a la Situación.

Recuerde *optimizar*. Esto significa: "ver las cosas desde un punto de vista positivo". Hacer proezas significa "tomar los recursos que tenga y crear nuevos recursos o maximizarlos a un nuevo nivel". Esta es una de las cosas a las que Dios se refiere cuando habla de optimizar recursos.

Lea el Salmo 30 y Génesis 1–2.

En un año de insultos (el número nueve, el carácter hebraico *tet*, significa "arrastrar por el fango"), tome todo el barro que le estén arrojando y sea creativo. El Señor fue creativo con el barro. ¡Nos hizo con él!

¡Tenga cuidado con los "rápidamente"!

Lea 2 Crónicas 29:20–36.

Hemos oído de cosas que suceden rápidamente, pero ahora es cuando se manifiestan. Si la esperanza postergada y el hastío gobiernan su vida, usted puede perder el tiempo en que nuestro Señor se mueva a favor de usted. Si el temor lo está influenciando, no comprenderá cuando Dios comience a avanzar a su favor. ¡El proceso por el que está atravesando se está moviendo hacia lo *rápidamente*!

¡Aprenda el proceso de examinarse!

Lea Isaías 54, y memorice el versículo 17.

Debemos tener una mentalidad *superadora*. Superar o ser superado. Derrocar o ser derrocado. Derribar o ser derribado. Vencer o ser vencidos. Asegúrese de estar siendo supervisado. Además, ¡defina la esfera en que está siendo supervisado!

¡Desarrolle una mentalidad de reino!

Lea Mateo 11, Mateo 13, Lucas 9, y Lucas 13.

El reino de Dios está dentro de usted. Edificamos la iglesia, pero se nos dan las llaves del reino. Estudie el reino. Mateo 11:12 dice: "El reino de los cielos sufre violencia, y los violentos lo arrebatan". El reino avanza en victoria. Esto sucede por medio de guerra y conflicto espiritual violentos. ¡No tema! ¡La iglesia es el ejército de Dios! ¡Adore y guerree! El reino crece. Entienda la espada y el fuego porque ambos son importantes en la batalla que tenemos por delante.

¡Encuentre su nuevo río de *gozo*!

Lea el Salmo 30, Salmo 46, y Juan 11–12.

No permita que la *división* que tiene adelante lo paralice. La alabanza hace que Él se entronice en medio de nosotros. La manifestación de la gloria de Jesús que levantó a Lázaro de entre los muertos creó una nueva división. No permita que las manifestaciones que vendrán creen una división que evite que usted pueda experimentar el plan del Reino de Dios.

¡Experimente un *cambio* en la división!

Lea Génesis 13–14.

Para que el plan del pacto de Dios hiciera el siguiente cambio, se produjo una división entre Abraham y Lot. Esta escisión se hizo en realidad por la provisión y la elección mundana. Esté dispuesto a separarse para poder seguir adelante hacia nuevos niveles de bendiciones.

¡Ha llegado el momento de decidir! De aquí en adelante, su elección determinará cómo redima usted sus días, que serán cada vez más malos. Usted tomará decisiones. ¿Se polarizará hacia un lado de la división o hacia el otro? ¿O simplemente se sumergirá en el río de Dios para poder alcanzar el destino que Él tiene para usted?

Ysaias 54:17:-Ninguna arma forjada contra Mi
Prosperará, Y condenarás toda lengua q' se levante
contra tí en Juicio. Está es la herencia de los Siervos
de Adonai, Y su salvación de Mi vendrá.

CAPÍTULO 2

CÓMO REDIMIR EL TIEMPO EN LA CRISIS DEL CAMBIO

LO MÁS PROBABLE es que siempre haya debates políticos, polarización de partidos, alguien que es promovido para reinar, y cambios de liderazgo que afectan a innumerables personas y quizás hasta la historia mundial. La manera en que usted reciba los tiempos de cambios, acepte los efectos sobre su vida, y encuentre la forma de adaptarse llega a convertirse en la verdadera cuestión. Los cambios políticos son a veces indicadores de la manera que Dios tiene de organizar y secuenciar nuestros días para que cumplamos sus propósitos en cada generación.

En Lucas 2:1-7, encontramos un buen ejemplo de este principio:

> Aconteció en aquellos días, que se promulgó un edicto de parte de Augusto César, que todo el mundo fuese empadronado. Este primer censo se hizo siendo Cirenio gobernador de Siria. E iban todos para ser empadronados, cada uno a su ciudad. Y José subió de Galilea, de la ciudad de Nazaret, a Judea, a la ciudad de David, que se llama Belén, por cuanto era de la casa y familia de David, para ser empadronado con María su mujer, desposada con él, la cual estaba encinta. Y aconteció que estando ellos allí, se cumplieron los días de su alumbramiento. Y dio a luz a su hijo primogénito, y lo envolvió en pañales, y lo acostó en un pesebre, porque no había lugar para ellos en el mesón.

Esto había sido profetizado muchos, muchos años antes por el profeta Miqueas. Muchas veces la perfecta voluntad de Dios, que es mucho más alta que la voluntad del hombre, no puede cumplirse sin que cierto gobernante esté en su lugar. Hasta que Augusto César llegó a su lugar, Cirenio no pudo reordenar los pasos de sus gobernados, ubicándolos y cumpliendo de ese modo la voluntad de Dios para Belén y para el plan redentivo del mundo. Por lo tanto, en cada cambio político, debemos mirar cuidadosamente que sea revelado el plan supremo de Dios.

Entrar en el tiempo

Dios no está *en el tiempo* como nosotros lo estamos. Nuestro Padre tiene acceso a cada momento de nuestra vida desde el comienzo hasta el final como si fueran el presente. Por el Espíritu Santo, podemos acceder realmente a esos momentos de nuestro pasado en que nos sentimos abandonados, abusados, traicionados, temerosos, felices, satisfechos o con cualquier otra emoción o condición. El creyente no sólo puede ser perdonado por lo pasado, sino que también puede *viajar* hacia atrás en el tiempo con Dios, verlo como "una ayuda muy presente" en el pasado, y redimir esas épocas pasadas que el enemigo quiso usar para mal.

Imagine por un momento que toda la eternidad está representada por un gran trozo de papel. Allí es donde Dios es ilimitado en tiempo y espacio. Ahora trace en ese papel una línea, representando el tiempo. Asegúrese de que esa línea tenga un principio y un fin. Esta línea comenzó cuando Dios instituyó el tiempo en la Creación, y terminará cuando Dios diga: "¡Se acabó el tiempo!". El hombre vive en la línea, mientras que Dios puede entrar y salir del tiempo según sus propósitos y sus planes. Dios ve todo el tiempo de una vez y no tiene que esperar a que algo suceda; todo es presente para Él. Esta es una explicación simplificada de un concepto complejo, pero sirve.

Ahora suponga que usted puede tomar esa línea y usarla para formar un círculo. Eso representa mejor cómo el Señor ve el tiempo. El tiempo es generacional. El tiempo es cíclico. Dios se propuso que las bendiciones de una generación sean pasadas y estén conectadas con la generación siguiente, y la siguiente, hasta que la plenitud de su propósito se manifieste en una familia, ciudad o nación. A esto se llama *el ciclo de vida*. El enemigo anhela meterse en el ciclo de vida de una persona para tergiversar el propósito de Dios y comenzar lo que se llama un *ciclo de iniquidad y dolor*. Nuestro tiempo puede estar lleno de bendiciones, o de heridas o maldiciones. Lo bueno es que el Espíritu de Dios tiene la capacidad de confrontarnos en cualquier momento y darnos una oportunidad de seguirlo a Él, saliendo de cualquier patrón destructivo hacia un futuro glorioso.

Sin embargo, debemos aprender a responderle a Él dentro del tiempo. Estamos llamados a representarlo como embajadores ante nuestra generación. Las decisiones y acciones que realicemos ahora afectarán a las tres próximas generaciones. Por lo tanto, cuando sabemos cómo desea el Señor que le respondamos y lo hacemos, su gloria se infiltra en la tierra y lo vemos cambiar nuestra atmósfera y nuestro entorno. Debido a la posición de Dios con respecto al tiempo, puede —y a menudo lo hace— ¡parecer que Él contesta nuestras oraciones antes de que sean articuladas!

Dios ha elegido a la humanidad como el vínculo necesario para traer su voluntad desde el cielo a la Tierra. Desea que estemos en íntima comunión con Él, que escuchemos cuidadosamente su voz, que obtengamos revelación profética, y que declaremos esa revelación en la tierra. Esto desatará milagros y soltará sus bendiciones. Una vez que oímos a Dios, podemos interceder. También podemos profetizar. Profetizar es declarar la mente y el corazón de Dios. Cuando recibimos revelación profética, es necesario que decretemos esa revelación, y entonces la atmósfera en la cual decretamos sigue adelante en el *tiempo del cielo* en vez de hacerlo en el *tiempo de la Tierra.*

El poder de los números

Usamos los números del reloj para que nos ayuden a leer la hora. Su día tiene una secuencia, sea que usted tenga conciencia de ese orden o no. El sol sale y se pone cada día. Tenemos una cantidad de *luz* cada día para hacer lo que cada uno debería hacer. ¿Redimimos el tiempo de un día, o perdemos momentos desperdiciados en ansiedad, confusión y actividades sin sentido?

Me gustan los números, no sólo el libro de la Biblia, sino los caracteres secuenciales que usamos para contar, secuenciar y ordenar algo. La mayoría de nosotros usamos los números de un reloj, sea digital o analógico, para que nos faciliten llegar a tiempo al lugar de la cita. A veces los usamos para recordarnos de cuánta *luz* disponemos para completar una actividad. Como la revelación en la Biblia proviene de la perspectiva hebraica —cómo Dios se comunicaba con el hombre, y luego el hombre comunicaba la historia del Dios del universo por medio de una nación, Israel—, yo sabía que tenía que aprender más sobre los números bíblicos.

En el idioma hebreo, un número no sólo tiene una palabra que lo designa, sino que además su forma y su imagen puede brindarnos una comprensión simbólica del significado del uso de ese número. Por ejemplo, el número ocho (8) siempre está vinculado con un *nuevo* comienzo. Por años he tomado el calendario hebreo y estudiado el significado de los números y ¡orado para que mi año refleje el año de Dios! Discutiremos más sobre los números a medida que avancemos en el desarrollo de cómo redimir el tiempo.

Cuando servimos al Señor y buscamos el plan de su reino, cada año trae nuevos desafíos y nuevos gozos para cada uno de nosotros. El sistema numérico hebreo me ha ayudado mientras me concentro cada año en decretar lo *mejor* que el Señor tiene para mí y para mi familia y para quienes se relacionan conmigo. No creo que usted tenga que comprender el año hebreo para conocer la voluntad de Dios. No obstante, en hebreo, puesto que los números tienen significado gramatical [como palabra], significado como imagen, y sonidos, podemos obtener una perspectiva más amplia de cada año.

Permítame compartirle acerca del año hebreo 5768, el año de *samekh chet*, que comprende la mayoría del año del Señor 2008 d.C. del calendario gregoriano. La forma del número hebreo *chet* es como una puerta abierta, que nos ofrece una entrada a un nuevo campo o dimensión. Probablemente usted leerá este libro en meses y años posteriores a 2008, pero lo importante es ¡saber que hay una época en que *un nuevo comienzo es suyo*! Usted podría leer este libro en 2018 ó 2028, etc. del calendario gregoriano, pero los principios serán los mismos. Mi anhelo es que nunca perdamos lo *nuevo* cuando el Señor nos ofrece un tiempo de cambio y abre una puerta para que entremos a nuevos campos en los que tomaremos el dominio.

Me encanta Isaías 43:18-19 (NVI), que dice: "Olviden las cosas de antaño; ya no vivan en el pasado. ¡Voy a hacer algo nuevo! Ya está sucediendo, ¿no se dan cuenta? Estoy abriendo un camino en el desierto, y ríos en lugares desolados". Puede estar ocurriendo una cosa nueva, pero en medio del comienzo o del renuevo, podemos fallar en percibir el cambio. Aquí hay algo para recordar mientras lee este libro y procesa su contenido: Un *final* siempre precede a un comienzo. Por lo tanto, la pregunta se transforma en: ¿Cómo reacciona usted cuando llega un *final* y empieza un *nuevo comienzo*? Un *final* siempre precede a un comienzo.

El cambio del agua en vino

En la historia bíblica de la boda de Caná, llegó el tercer día de la celebración y algo tenía que cambiar. (Vea Juan 2:1-12.) Cuando llegamos a medio camino de algo, debemos elegir regresar, conformarnos con no obtener nuestros logros, o triunfar y seguir todo el camino hacia la plenitud del plan de Dios. Llega un momento en que usted ya no puede seguir resistiéndose al cambio que lo está esperando. Podría no sentirse listo para lo que está cambiando, pero el cambio es inevitable.

Llegó un momento en que Jesús tuvo que demostrar un poder que cambiaría al mundo. Muchas veces los milagros representan la cambiante fisonomía de una época y hacen notar que la intervención divina ha ingresado a nuestro tiempo y espacio de la tierra. En Juan 2, Jesús asistió a una boda, y ocurrió algo que marcó un nuevo curso para muchos durante los tres años siguientes. Esos tres años cambiarían para siempre el curso de la historia de la humanidad.

Cuando llegó el tiempo de esta boda, Jesús tenía aproximadamente seis discípulos que lo seguían. Este sería un momento apropiado para tocar a estos discípulos y mostrarles una nueva dimensión de quién era Él usando los sucesos de la boda. Juan el Bautista había sido un ermitaño social, pero Jesús aceptaba invitaciones a eventos sociales y entraba y salía de ellos con la gracia del Padre. Se movía de manera sobrenatural en sucesos naturales. En este punto de su ministerio, tuvo que realizar un milagro, pero ya muchos sabían que Él era diferente del mundo. Tenía que revelar plenamente su identidad. Pero en la boda se produjo una crisis. A menos que algo ocurriera, el éxito de la boda estaba en peligro, y en vez de empezar esta nueva relación y esta etapa con gozo y celebración, la novia y el novio corrían el riesgo de recibir reproches.

María, su madre, le sugirió a Jesús que hiciera algo. Dijo a los huéspedes que si Él sugería algo, debería hacerse lo que dijera. Jesús titubeó al principio. Sólo podía hacer lo que el Padre le indicara que hiciera. Mientras esperaba, Él oyó el plan del cielo para la crisis que afrontaba la fiesta de bodas. Las palabras fueron: "Transforma el agua en vino". Por lo tanto, Jesús usó las vasijas dispuestas para la purificación religiosa para algo nuevo. Tomó las vasijas, las llenó con agua, y el cambió ocurrió.

Este cambio no fue sólo para la fiesta y la necesidad inmediata de beber y celebrar: creó un patrón para el futuro. Al manifestar su gloria en este primer milagro, Él hizo que sus discípulos lo vieran desde una nueva perspectiva. ¡Ellos creyeron! Tal vez al principio sólo lo vieron como un hacedor de milagros, pero para ellos, éste fue el comienzo de un proceso de tres años para obtener la revelación que afectaría el futuro de toda la humanidad.

La manifestación de un nuevo ámbito de gloria crea un cambio en todo lo que abarca la exteriorización del cambio. *Cambiar* significa "ser alterado o pasar de un estado, forma o cualidad, o esencia a un estado, forma cualidad o esencia diferente". Cambiar significa "sufrir variación". Usted ya no es igual en cualidad o apariencia. El cambio puede estar vinculado con la sucesión de una cosa en lugar de otra. El cambio puede significar que usted ha removido o alterado una forma para producir otra manera de hacer las cosas. El cambio se relaciona con una transacción de negocios que lo cambia a una mejor manera de prosperar o luchar. El cambio es sinónimo de revolución o de una época producida por una revolución. La manifestación de su gloria al cambiar el agua en vino comenzó su revolución en la tierra. Cuando llega la *gloria*, la revolución comienza.

Penny Jackson, una querida amiga de Houston, Texas, permaneció en Houston e hizo frente al huracán Ike en agosto de 2008 cuando la tormenta bajó a tierra. Recientemente, escribió esta hermosa carta. En un año de sumisión, debemos someternos al viento del cambio que llega a nuestras vidas.

¿Cómo se inclinará usted con el viento del cambio?

Han pasado tres meses desde que nos visitó el huracán Ike en el área de Houston. Aunque muchas cosas están en orden en mi parte de Houston, todavía puede verse alguno que otro árbol arrancado de raíz, y quienes tienen chimeneas tendrán toda la leña que necesiten para este año, entregada en mano hasta sus casas por Ike.

Aunque hay contrachapado sobre la mayoría de mis ventanas, había una descubierta en la cocina, y en los momentos de más valentía miraba por allí. Esto diré: la llegada del huracán fue hermosa y llena de majestad. Primero se aproximaron las ráfagas de viento y las nubes. Después, por la tarde, cuando la tormenta estaba en su apogeo, una intensidad de colores que rara vez había visto se extendía en franjas cruzando el horizonte: turquesas, dorados, y rosas.

Mi área tiene pinos altos por todas partes; personalmente tengo siete entre el frente y la parte de atrás. El Señor usó los árboles de mi parte de la ciudad para mostrarme un principio. Cuando miraba hacia el horizonte, podía ver las siluetas de estos pinos balancearse hacia atrás y hacia delante, recordándome las algas marinas del fondo del mar que se inclinan y se agitan con la corriente del océano. Tal vez vino a mí esta imagen porque el sonido de la tormenta era como el golpe incesante de las olas contra una playa, retrocediendo y volviendo después con toda su fuerza. Me sorprendía la flexibilidad de esos gigantes.

A la mañana siguiente los restos sobre el suelo eran difíciles de creer: ramas de árboles, hojas, plantas por todas partes. Por la misericordia de Dios, pocas casas

> fueron afectadas en nuestra área, pero los árboles recibieron un impacto enorme. Cuando el viento amainó, la gente comenzó a salir de sus casas y a caminar por el vecindario. Mientras caminaba por el vecindario, vi robles arrancados de raíz, tirados sobre un costado con enormes raíces completamente expuestas en toda su extensión. Algunos tenían ocho pies de diámetro. Había otro tipo de árboles arrancados de raíz cuyos nombres no sé. Tiradas por el suelo había innumerables ramas de pino y piñas, y hasta copas de árboles. Sin embargo, terminé por darme cuenta de que no vi ningún pino arrancado de raíz.
>
> El Señor me siguió hablando acerca de esto con el pasar de los días. Me mostró que los pinos pudieron sobrevivir a la tormenta porque eran capaces de moverse con los vientos, hasta con estos vientos de fuerza huracanada. Sí, tenían algunos daños, pero no habían sido arrancados de raíz como esos árboles que eran inflexibles.
>
> Comencé a ver una imagen clara de lo que el Señor intentaba decirme. Estamos entrando a unos tiempos muy tormentosos. Parece que vendrán vientos huracanados. Las cosas no irán como nuestro corazón podría desear. Sin embargo, éste no es un tiempo para ser inflexible y conservar ideas y creencias que ya no tienen lugar en nuestro mundo. Manteniéndonos firmemente arraigados con nuestros ojos en el Señor, debemos ser flexibles cuando los vientos cambian y giran a nuestro alrededor.[1]

Debemos mantenernos flexibles en todos los cambios que encontraremos en los días por venir.

La reacción de otra familia en medio de la crisis

Me gusta la historia de la muerte de Lázaro. Muchas circunstancias precedieron a este momento determinante en la vida y el ministerio de Jesús. Lázaro y sus hermanas, María y Marta, eran muy buenos amigos de Jesús. Su hogar en Betania parecía ser un lugar de descanso para Él cuando viajaba a Jerusalén. Iba allí, comía, descansaba y compartía los íntimos pensamientos del corazón de su Padre. Vemos esto en Lucas 10, cuando Marta se molesta porque hay que servir la cena y es necesario lavar los platos, pero María se sienta y escucha lo que Jesús tiene para decir (vv. 38-42). Usted incluso puede ver en este relato que Marta percibe el fin de la cena de manera diferente que María. Marta lo percibe como un lío que requiere un nuevo orden; María, ve el fin como una oportunidad de cosechar una nueva clase de comida que afectaría su futuro. Marta se distrae del fin de la comida. María come una gran cena, la palabra del Señor mismo, quien se sienta en medio. Marta recibe una reprimenda al final de la cena; María un elogio por su fe. Ambas reciben el amor del Señor, pero una recibe el corazón de Él y la revelación para el futuro.

La crisis del cambio

Más tarde esta familia atraviesa una crisis. La crisis produce algo nuevo en sus vidas y en su relación con su amigo y mentor Jesús. El relato de esta historia provee mayor comprensión sobre cómo percibir un *final* y reconocer un *nuevo comienzo*. (Vea Juan 11-12.)

Una época de crisis en nuestra vida es un momento decisivo. Nos volvemos mejores a causa de nuestra sumisión al comprender la crisis, o peores cuando resistimos las lecciones que se nos están enseñando. Una crisis puede ser un agudo ataque de dolor o una aflicción emocional. Una crisis puede ser un incidente que produce un funcionamiento desordenado de los procesos y las relaciones en nuestra vida. Un evento emocionalmente significativo puede producir un radical cambio de estado en la vida de una persona. Una crisis crea un momento decisivo. Una crisis ocurre cuando una situación alcanza una fase crítica. ¿Seremos inestables en este momento crucial de nuestra situación, o estaremos resueltos a actuar deliberadamente para producir un cambio en nuestra vida y el entorno que nos rodea?

La crisis de la decisión

Muchas veces una crisis en nuestra vida o en el territorio en el cual vivimos requiere que nos unamos con alguien por ayuda o nos conectemos divinamente con un abogado que adopte una posición a nuestro favor. A veces simplemente necesitamos a alguien que nos recuerde que todo estará bien. Ese sonido tranquilizador en la voz de alguien que respetamos y que representa estabilidad es la clave para que no temamos sino que tomemos una clara decisión sobre cómo procesar la situación y avanzar. Cuando esa palabra de consuelo confronta nuestros alocados pensamientos en medio del caos, nuestra mente aquieta sus muchos pensamientos, nuestras emociones bajan de esa montaña rusa de confusión, y nuestro corazón se afirma. La emergencia de una situación imprevista recibe sin demora una acción. La presión de la situación disminuye a medida que desarrollamos nuestro plan para nuestro futuro. Este punto del tiempo se convierte en un momento —un momento de cambio divino— un momento de iluminación, un momento crítico pero trascendental que define y da forma a nuestra historia para el futuro. ¿Seremos gobernados por las circunstancias, o cambiados para siempre por ese momento?

María, Marta y el momento

Volviendo al relato de la muerte de Lázaro, Jesús fue notificado de la enfermedad de Lázaro y decidió no correr a satisfacer la necesidad. En realidad, ¡eligió ir a Judea en vez de Betania, el hogar de Marta, María y Lázaro! A sus discípulos les fue difícil captar la realidad de la situación. Más adelante consideraremos nuestro discipulado en medio de la crisis.

Él llegó a Betania cuatro días más tarde, sí, cuéntelos: cuatro días. ¿Qué pasa con este hombre? ¿Qué pasa con este amigo? ¿Qué pasa con el Padre? Jesús no podía hacer nada a menos que el Padre le dijera que actuara. ¿No había nadie que comprendiera la verdadera crisis?

Cuando por fin Jesús arribó, Marta se levantó para preguntarle al Señor por qué no estuvo allí cuando lo necesitaban. El Señor le dijo: "...si crees verás la *gloria de Dios*" (Juan 11:40, énfasis añadido). La crisis iba en aumento. La enfermedad había ganado. Lázaro estaba muerto. Marta fue rápida para afirmar su fe en el futuro, pero estaba perpleja en ese momento. Finalmente Jesús pidió que su hermana, María, fuera a hablar con Él.

María entonces se aproximó al Señor con la misma pregunta. *¿Por qué?* Pero algo era distinto en María. Su postura era diferente. Marta estaba de pie, pero María exhibió una actitud diferente al final de esta terrible situación ¡cayendo a sus pies como señal de respeto, honor y sumisión! En otras palabras, María dijo: "Señor, me someteré a lo que sea que tú digas y a cualquier explicación que me des. Me he sentado antes a tus pies y recibido lo mejor que tenías para dar. Esperaré aquí ahora para recibir lo que tienes para darme, lo cual será lo mejor, en medio de esta crisis".

La petición de María al Señor tocó el centro de sus emociones: el propio corazón del Padre Dios. Esto causó que Jesús expresara una emoción pública rara vez descrita en las Escrituras: Jesús se conmovió profundamente. Lloró. Desató una gran compasión en la crisis. Luego ejerció una autoridad que cambió y dio forma a la historia de toda la humanidad. Él reveló su gloria y el poder de la resurrección de una manera que la historia y la humanidad no habían conocido. Llamó a Lázaro de la tumba para darle una segunda oportunidad de vida.

Esto fue un catalizador que creó una serie de sucesos que intensificaron la necesidad de que Él completara su misión y llegara a Jerusalén para llevar a cabo el plan redentor del Padre para usted y para mí. Lázaro, que era *bueno y* estaba *muerto*, vivió otra vez, y el mundo que lo rodeaba tuvo que lidiar con el cambio. El cambio del agua en vino comenzó la manifestación de una gloria que hizo que seis de sus discípulos y una fiesta de boda creyeran. La gloria del poder de la resurrección que se exhibió en la tumba de Lázaro haría que todo el mundo religioso, el gobierno civil, e incontables seguidores creyeran y aceptaran la gloria o rechazaran los cambios que resultarían de esta manifestación y demostración del amor del Padre.

Un nuevo día se vincula con el poder de la resurrección

La serie de eventos que vemos crear a María es una clave para nuestra propia vida. En cada situación, circunstancia o crisis, y aun en cada final drástico, es necesario que se exhiba una postura de adoración.

Resucitar básicamente significa "vivir otra vez o salir de una etapa de letargo". Hay tres dimensiones del poder de la resurrección que es necesario que entendamos: *muerte*, *vida* y *gloria*.

Muerte

La *muerte* es más que el mero fin de un proceso biológico. La muerte puede vincularse a un estado espiritual en que estamos separados de Dios. La muerte puede representar un tiempo en que estamos moralmente torcidos, y el poder de la vida no está siendo liberado a través de nuestro ser. En otras palabras, nuestra conciencia está cerrada. Entonces se permite que los juicios de Dios operen en el tiempo en un intento de hacernos volver a los procesos de vida que rechazamos.

La muerte también representa la obstrucción de la gracia y la remoción del favor divino. Solamente el don de la vida por medio de Jesucristo puede contrarrestar la muerte que tiene firmemente asida a la humanidad.

> No me elegisteis vosotros a mí, sino que yo os elegí a vosotros, y os he puesto para que vayáis y llevéis fruto, y vuestro fruto permanezca; para que todo lo que pidiereis al Padre en mi nombre, él os lo dé. Esto os mando: Que os améis unos a otros. Si el mundo os aborrece, sabed que a mí me ha aborrecido antes que a vosotros. Si fuerais del mundo, el mundo amaría lo suyo; pero porque no sois del mundo, antes yo os elegí del mundo, por eso el mundo os aborrece. Acordaos de la palabra que yo os he dicho: El siervo no es mayor que su señor. Si a mí me han perseguido, también a vosotros os perseguirán; si han guardado mi palabra, también guardarán la vuestra. Mas todo esto os harán por causa de mi nombre, porque no conocen al que me ha enviado. Si yo no hubiera venido, ni les hubiera hablado, no tendrían pecado; pero ahora no tienen excusa por su pecado. El que me aborrece a mí, también a mi Padre aborrece. Si yo no hubiese hecho entre ellos obras que ningún otro ha hecho, no tendría pecado; pero ahora han visto y han aborrecido a mí y a mi Padre. Pero esto es para que se cumpla la palabra que está escrita en su ley: Sin causa me aborrecieron. Pero cuando venga el Consolador, a quien yo os enviaré del Padre, el Espíritu de verdad, el cual procede del Padre, él dará testimonio acerca de mí.
>
> —Juan 15:16-16

Vida

La *vida* puede referirse al movimiento activo de los procesos biológicos del hombre. Sin embargo, me gusta referirme a la vida como el poder vivificante de Dios. Nuestro espíritu vive para nuestro Creador cuando sometemos nuestra vida interior a Jesucristo y permitimos que el Espíritu Santo nos moldee y nos ubique en el rol que tenemos destinado. La vida de Dios nos es dada cuando creemos en su Hijo, Jesús, y permitimos que el Espíritu Santo llene nuestro espíritu humano. (Vea Efesios 2.)

Su vida hace posible que vivamos rectamente. Esto nos permitirá expresar nuestro futuro con la esperanza del poder de la resurrección.

> ...para que todo aquel que en él cree, no se pierda, mas tenga vida eterna. Porque de tal manera amó Dios al mundo, que ha dado a su Hijo unigénito, para que todo aquel que en él cree, no se pierda, mas tenga vida eterna. Porque no envió Dios a su Hijo al mundo para condenar al mundo, sino para que el mundo sea salvo por él. El que en él cree, no es condenado; pero el que no cree, ya ha sido condenado, porque no ha creído en el nombre del unigénito Hijo de Dios. Y esta es la condenación: que la luz vino al mundo, y los hombres amaron más las tinieblas que la luz, porque sus obras eran malas. Porque todo aquel que hace lo malo, aborrece la luz y no viene a la luz, para que sus obras no sean reprendidas. Mas el que practica la verdad viene a la luz, para que sea manifiesto que sus obras son hechas en Dios.
>
> —Juan 3:15-21

> Lo que habéis oído desde el principio, permanezca en vosotros. Si lo que habéis oído desde el principio permanece en vosotros, también vosotros permaneceréis en ele Hijo

> y en el Padre. Y esta es la promesa que él nos hizo, la vida eterna. Os he escrito esto sobre los que os engañan. Pero la unción que vosotros recibisteis de él permanece en vosotros, y no tenéis necesidad de que nadie os enseñe; así como la unción misma os enseña todas las cosas, y es verdadera, y no es mentira, según ella os ha enseñado, permaneced en él. Y ahora, hijitos, permaneced en él, para que cuando se manifieste, tengamos confianza, para que en su venida no nos alejemos de él avergonzados. Si sabéis que él es justo, sabed también que todo el que hace justicia es nacido de él.
>
> —1 JUAN 2:24-29

Gloria

La *gloria* se refiere al esplendor de Dios revelado a nosotros y visto a nuestro alrededor. Es una expresión en este mundo de la belleza, el poder y la grandeza de nuestro Dios.

> Yo te he glorificado en la tierra; he acabado la obra que me diste que hiciese. Ahora pues, Padre, glorifícame tú al lado tuyo, con aquella gloria que tuve contigo antes que el mundo fuese.
>
> —JUAN 17:4-5

> ¡Levántate, resplandece,
> porque ha venido tu luz
> y la gloria de Jehová ha nacido sobre ti!
> Porque he aquí que tinieblas cubrirán la tierra
> y oscuridad las naciones;
> mas sobre ti amanecerá Jehová
> y sobre ti será vista su gloria.
>
> —ISAÍAS 60:1-2, RV95

El peso de su gloria puede ser visto en nosotros y a nuestro alrededor.

Cuando le sometemos nuestra voluntad y lo adoramos, movemos el corazón de Dios. Esto desata un cambio catalizador en el ámbito de la tierra y en la atmósfera que nos rodea.

Cuando es tiempo de lo *nuevo*, su *centro de atención* debería ser: "¿Estoy *preparado* para esperar hasta que ocurra una manifestación plena?". El milagro de Jesús cambiando el agua en vino ¡fue su primera demostración de *gloria*! Tres años más tarde, con una reputación más madura, el milagro de Jesús de resucitar a Lázaro de los muertos demostró un *cambio de gloria* a un nivel muy diferente. Este cambio creó una gran división que desató una escalada en el deseo de la vieja estructura mundana. La resurrección, o el traer nueva vida a una situación de muerte, hizo que algunos se regocijaran pero que otros se levantaran con la definida determinación de acabar con Aquél que ahora podía cambiar la muerte en vida.

Pedro tuvo dificultad en hacerse nuevo

Hay un lugar en que la revelación del cielo interseca el ámbito terrenal. La revelación le crea la entrada a su próxima oportunidad. El apóstol Pedro no siempre fue un hombre que tomara decisiones correctas o actuara perfectamente en tiempos de crisis, pero podía captar la revelación mejor que la mayoría de los discípulos. El problema era que sus emociones y su mente parecían ser un obstáculo para que él actuara conforme a lo que estaba oyendo.

Jesús le reveló su bondad a Pedro cuando intervino en su negocio y le mostró una mejor manera de conseguir provisión. Esto hizo que Pedro se arrepintiera de su forma de pensar en los negocios. Pero el Señor estaba haciendo algo más que enseñarle una lección sobre *cómo pescar mejor*. También estaba revelando que Pedro tenía un llamado más allá de la pesca. Había sido llamado a pescar *hombres*, no solo peces. Pedro estaba abrumado por la captura de peces pero no podía comprender todavía el gran significado del momento: su llamado para el futuro.

Después hubo un momento de gran victoria cuando Pedro entró al corazón del Padre, el cielo tocó la Tierra, y la revelación acerca de quién era realmente el Señor llegó al corazón de Pedro. En Cesarea de Filipo, Jesús comenzó a hacer preguntas a sus discípulos, intentando conseguir información sobre cómo percibían su identidad los de esa región. La mayoría de los discípulos respondió que la gente creía que Él era un profeta. Algunos hasta creían que era unos de los profetas claves: Elías, Jeremías, o Juan el Bautista, reencarnado. Entonces Él les preguntó: "Y vosotros, ¿quién decís que soy yo?". (Vea Mateo 16:12-15.)

Pedro ingresó en una esfera de comprensión diferente. Lo que había estado oculto ahora era revelado. ¡Tenía la respuesta de todas las respuestas! Respondió: "Tú eres el Cristo, el Hijo del Dios viviente".

El Señor exclamó: "...no te lo reveló carne ni sangre, sino mi Padre que está en los cielos". Entonces Jesús le dijo a Pedro la famosa profecía:

> Dichoso tú, Simón, hijo de Jonás —le dijo Jesús—, porque eso no te lo reveló ningún mortal, sino mi Padre que está en el cielo. Yo te digo que tú eres Pedro, y sobre esta piedra edificaré mi iglesia, y las puertas del reino de la muerte no prevalecerán contra ella. Te daré las llaves del reino de los cielos; todo lo que ates en la tierra quedará atado en el cielo, y todo lo que desates en la tierra quedará desatado en el cielo.
>
> —MATEO 16:17-19, NVI

La profecía expresada por Jesús se ha movido de generación en generación a los que buscan revelación del Padre para construir el modelo del cielo en el ámbito terrenal. Esta palabra les dio a los líderes la autoridad de prohibir al enemigo que obre y permitir que el Espíritu de Dios tenga libertad para moverse en la tierra para refrenar el mal, consolar, juzgar y dar más revelación para la edificación y manifestación del reino.

¡A veces es necesario zarandear para producir lo nuevo!

¡Pedro estaba en lo nuevo! Estaba accediendo al Padre y comunicándose con Él. Esto duró hasta que Jesús les dijo a los discípulos que había llegado el momento de completar su misión e ir a Jerusalén para morir. Entonces las emociones de Pedro rehusaron aceptar la voluntad y la revelación del Padre. Lo cierto es que llevó aparte a Jesús, lo reconvino, y le prohibió que continuara con semejante disparate. Jesús estaba listo para terminar una etapa y permitir que toda la humanidad comenzara un nuevo tiempo, pero las emociones de Pedro rehusaban alinearse con la voluntad del cielo. Jesús equiparó la mente, la voluntad y las emociones de Pedro con las de Satanás. Dijo: "¡Apártate de mí, Satanás!" (Mt.16:23).

¿Qué nos dice esto a nosotros cuando ha llegado el momento de que pasemos a una nueva etapa? Nuestras emociones pueden resistir el cambio. Realmente, podemos abrir una puerta para alinear nuestro corazón, mente y emociones con el plan del enemigo. Pedro había puesto su mente en sus propios intereses y no en el plan global de Dios por el cual Él había dado su Hijo al mundo.

Cuando nos ponemos de acuerdo con el enemigo, el Señor le da al enemigo el derecho de zarandear, atormentar y tratar realmente con todo nuestro ser. ¿Por qué? El Señor está orando que cortemos toda atadura con el pensamiento de Satanás, que renovemos nuestra mente, y lo sigamos a Él. Jesús continuó dirigiéndose a sus discípulos diciéndoles:

> Entonces Jesús dijo a sus discípulos: Si alguno quiere venir en pos de mí, niéguese así mismo, y tome su cruz, y sígame. Porque todo el que quiera salvar su vida, la

> perderá; y todo el que pierda su vida por causa de mí, la hallará. Porque ¿qué aprovechará al hombre, si ganare todo el mundo, y perdiere su alma? ¿O qué recompensa dará el hombre por su alma?
>
> —Mateo 16:24-26

Más tarde Jesús consoló a Pedro diciéndole: "Simón, Simón, mira que Satanás ha pedido zarandearlos a ustedes como si fueran trigo. Pero yo he orado por ti, para que no falle tu fe. Y tú, cuando te hayas vuelto a mí, fortalece a tus hermanos". Pero él (Pedro) le dijo: "Señor…., estoy dispuesto a ir contigo tanto a la cárcel como a la muerte". Y Jesús le respondió: "Pedro, te digo que hoy mismo, antes que cante el gallo, tres veces negarás que me conoces." (Lucas 22:31-34, NVI).

La negación es una difícil fase por la cual tenemos que pasar durante la crisis. Tal como dijo Jesús, el temor abruma e hizo que Pedro negara su alianza de los tres últimos años con el Señor. La Biblia no lo dice, pero puede suponerse, que después de la muerte del Señor el diablo le hizo de las suyas a Pedro. Cuando estamos siendo zarandeados, el proceso de aventar continúa. Sin embargo, este proceso no ocurre afuera, en el campo de trigo: está *dentro* de nosotros. Los yuyos y las cizañas que hay en nosotros están siendo arrancados.

El zarandeo es un *tiempo,* un tiempo de dolor, confusión y agonía. Ha habido algo creciendo en nosotros durante años. El Señor ha cultivado lo *mejor* de nosotros y nos ha preparado para una plena manifestación de nuestro destino. Sin embargo, junto con lo mejor de nosotros hay una fortaleza, algo que ha sido impregnado por el enemigo. Eso también quiere lograr plena madurez para contender y evitar que el mundo vea la gloria de Quien nos está moldeando. A menos que ocurra el zarandeo para remover ese punto de apoyo del enemigo en nuestras emociones y en nuestro proceso mental, nuestra voluntad está en peligro de ser atrapada.

El proceso del zarandeo es como pasar por un antiguo lavarropas. Sabemos que después de pasar ese estrujamiento estaremos más limpios y brillantes que antes, pero durante el ciclo hay gran presión, separación, y aún sufrimiento mental hasta que logramos llegar al otro lado. Luego viene el paso de estar colgado para secarse. Sin embargo, hay un tiempo y un lugar en que usted realinea sus facultades y se vuelve una mente con Aquel que lo ha estado buscando.

¡Él nos persigue!

El Señor nunca olvida el destino último de usted. El Señor profetizó el futuro de Pedro desde el momento en que se encontró por primera vez con él. Juan 1:40-42 (LBLA) dice: "Uno de los dos que oyeron a Juan y siguieron a Jesús era Andrés, hermano de Simón Pedro. Él encontró primero a su hermano Simón, y le dijo: Hemos hallado al Mesías (que traducido quiere decir, Cristo). Entonces lo trajo a Jesús. Jesús mirándolo, dijo: Tú eres Simón, hijo de Juan; tú serás llamado Cefas (que quiere decir: Pedro)".

Desde el principio, Él conoce nuestro fin. Por lo tanto, busca lo que seremos, no lo que somos en el presente. Uno es llamado porque es elegido. ¡El llamado implica elección! Pedro fue elegido quizás por la única razón de que al Señor le plació elegirlo. Él vio su potencial. Cada uno de nosotros tiene el potencial para seguirlo y llegar a ser alguien nuevo. Simón, el pescador demasiado desenvuelto, testarudo, impulsivo y seguro de sí mismo, un día sería una roca para que otros construyeran sobre él. El Señor, nuestro perseguidor de siempre, ve lo mejor que llegaremos a ser y nos llama para que nos detengamos y le rindamos a Él nuestra voluntad y nuestro camino.

En su búsqueda, Él nunca nos olvida sino que se nos aproxima obstinadamente una y otra vez para darnos a cada uno otra oportunidad de movernos hacia lo mejor que Él tiene para nuestras vidas. Él nos busca más allá de nuestras decisiones equivocadas, nuestras emociones erráticas y nuestras palabras irrefrenables, para encontrarnos donde podamos estar escondidos, a fin de derramar su gracia transformadora sobre nuestra vida, cambiar nuestro nombre, y hacernos como Él. A medida que Él nos asedia y nosotros nos rendimos, nuestro corazón se va volviendo menos confiado, menos arrogante, menos seguro de nuestro futuro, más abierto, y más dependiente de Aquel que nos ha llamado.

Finalmente, después de negarlo y volver a negarlo y volver a negarlo, Pedro fue confrontado una última vez acerca de su llamado y su destino. Bueno, podría decir con mayor exactitud tres veces. Otra vez estaba pescando. La vida es graciosa: regresamos a lo que nos es familiar cuando la crisis nos rodea realmente. Después de la negación, después de la muerte, después de la resurrección, y después de la siguiente salida a pescar, Jesús se manifestó otra vez para confrontar a este discípulo que había vuelto a su una vez pospuesta profesión.

Me alegra tanto que Jesús se manifieste una y otra vez hasta que nos ha dado toda oportunidad de recibir lo mejor que Él tiene para nosotros. Pero Pedro todavía tenía que aceptar lo mejor, el llamado que Jesús lo había estado llevando a aceptar durante los tres últimos años. Jesús le pidió a Pedro tres diferentes veces que expresara su amor por Él. La tercera vez, Pedro se sometió y dijo: "Señor, tú lo sabes todo; tú sabes que te amo". Él había sido zarandeado en la crisis y sabía que había sólo Uno que podía guiarlo verdaderamente y a quien él seguiría.

Aun después de esta confrontación emocional y desgarradora con el Señor resucitado, que seguía estando dispuesto a buscar a Pedro, él se preguntaba cómo serían buscados los demás. Pedro preguntó por el nuevo comienzo de Juan. El Señor le dijo: "¿Qué a ti? Sígueme tú" (Juan 21:22).

La clave de Pedro: Él se mantuvo en el tiempo de Dios

El propósito del Maestro para Pedro era que dejara su barca y lo siguiera a Él para que lo hiciese un pescador de hombres. El Señor se encontró con Pedro en su ocupación normal, usual, así como David que fue llamado desde su redil. El llamado de Pedro fue cambiado del pescar peces a pescar hombres. Pedro logró dejar atrás sus fracasos, sus pecados, y su alineación con el plan del enemigo para impedir que el Señor cumpliera el llamado redentor del Padre. Su pasión consumidora tenía que ser domeñada y transformada bajo el poder del Cristo viviente. Tenía que compartir su pasión con la pasión de Cristo.

La clave de la vida de Pedro fue que una vez que comenzó a seguirlo, continuó haciéndolo. La profecía del Señor sobre él de que llegaría a ser una roca y tendría la capacidad de vencer al infierno parecía estar tan arraigada en su espíritu que incluso en medio de la negación, no pudo hacer otra cosa que levantarse y seguir adelante.

La noche en que Pedro siguió al Señor al Monte Hermón a experimentar una transfiguración de gloria, él continuaba haciéndole sugerencias precipitadas. Con la nube de gloria llenando toda la atmósfera, Pedro sugirió construir un tabernáculo. (Vea Mateo 17:1-13). La nube de gloria había descendido porque Jesús estaba dejando un tabernáculo y preparándose para ascender a una esfera de gloria diferente.

Pese a todo, Pedro estaba en el tiempo perfecto de Dios. Todas estas experiencias edificaban y transformaban su espíritu y su carácter para que fuera usado en el futuro. Su fracaso en velar con el Señor una hora, su incomprensión de los planes de Dios, su testaruda manera de trabajar por su sustento diario, sus negaciones, y hasta el haberse identificado una vez con Satanás mismo, no podían evitar que se convirtiera en todo lo que el Señor había declarado primero que llegaría a ser.

Si permanecemos en el tiempo de Dios, Él renovará constantemente su pacto y su propósito con nosotros. Más importante aún, Él desarrollará su obra vital a través de nosotros. Pedro nunca perdió su personalidad audaz, pero sí perdió su propia voluntad al humillarse a la voluntad de Dios. Mantenernos en el tiempo de Dios nos llevará a través de duras pruebas y hasta el plan supremo que el Padre ha preparado para nosotros. Pedro, con todos sus problemas, se rindió al llamado que el Señor tenía para él. Su rendición afectó la historia de la iglesia tanto o más que cualquier otra persona que haya vivido. Si el Señor puede tener esta paciencia con Pedro para moldearlo, transformarlo, interceder por él y cuidarlo, ¡no es problema para Él hacer lo mismo con usted! ¡Ríndase ya, y manténgase en su tiempo!

Evalúe sus nuevos comienzos

Tenemos gran dificultad en transformar nuestra mente para que comience a pensar desde una perspectiva diferente. Sin embargo, creo que el Señor nos ayuda a pensar diferentemente. Parece que cada vez que Él está listo para que hagamos un cambio, comienza a hacernos preguntas, las que a su vez nos hacen formularle preguntas a Él. Comienza un nuevo diálogo, que obliga a nuestra mente a cambiar.

Este es un tiempo en que debemos pensar de manera diferente si vamos a ser victoriosos en la guerra que tenemos por delante. En el libro *God's Unfolding Battle Plan* (El plan de batalla de Dios revelado), tengo un capítulo entero sobre la "mentalidad de guerra" y el pensamiento crítico. Escribo: "La guerra está extendida, pero ¿estamos expandiendo nuestra forma de pensar? Al contrario de la creencia popular, un loro viejo *puede* aprender a hablar. (¡Soy prueba viviente de eso!) Recientemente el Señor me visitó mientras estaba en mi oficina preparándome para hablar en la celebración de la Fiesta de los Tabernáculos de nuestra iglesia. 'En estos tiempos críticos, debes pensar críticamente', me dijo... En última instancia, debemos ser *críticos*, lo cual se define como tener 'evaluación y juicio cuidadosos y exactos'".[2]

El tiempo crítico puede significar un periodo de la historia en que Dios ha llamado a su pueblo a ser circunspecto o *cauto en pensamiento, habla y acción*. En un tiempo crítico debemos examinar cuidadosamente cada situación y los detalles que hemos recogido antes de proceder a la acción. Por lo tanto, vivir en un tiempo crítico demanda que pensemos de modo diferente. Continué escribiendo: "Sabía algunas cosas acerca del proceso del pensamiento crítico, pero el Señor quería llevarme a nuevas profundidades. A lo largo de los años, he aprendido que si desea enseñar a los niños a pensar de manera crítica, usted no les da las respuestas, más bien, les da las preguntas. Cuando el Señor me visitó en mi oficina ese día, fue como si estuviera descargando un archivo lleno de preguntas. Llegaron rápidamente y en abundancia. Escribí tan rápido como Él las imprimía en mí. Sin embargo, no di respuesta alguna a ninguna de sus preguntas. Sólo las recibí".[3]

Estas son algunas preguntas que le ayudarán a evaluar cómo le está yendo con lo nuevo:

- La situación o circunstancia en que usted se encuentra, ¿está haciendo que cuestione la disposición y el amor de Dios hacia usted y haciendo que usted *resista* su nuevo comienzo?

- ¿Está usando el enemigo su reacción para evitar que se mueva hacia lo mejor que Dios tiene para usted?

- ¿Está usted dando coces contra el "aguijón" e intentando moverse de tal manera que el Espíritu Santo está desarrollando marcas en su espíritu? ¿Las situaciones o las circunstancias están creando un *bloqueo* para *evitar* que usted entre en un *erróneo* "nuevo" comienzo?

- La situación o circunstancia que está ocurriendo en su vida ¿está iniciando una serie de eventos conducentes a un nuevo comienzo? A veces un suceso de su vida es un catalizador para muchas otras cosas. ¡Tal vez usted no ha visto a dónde va lo que ha comenzado a llevarlo a su nuevo lugar!
- Su situación o circunstancia ¿está generando un ataque que le impide avanzar?

Ayudarlo a que se vuelva nuevo

Es necesario que ciertas cosas terminen para que usted pueda ver otro comienzo Debemos dejar ir las cosas de nuestra familia que son contrarias al plan de Dios. Durante nuestra vida, ciertas personas mueren, y el cese de su relación con nosotros hace que termine una etapa. Honre a quienes se han ido antes que usted. Honre a su padre y a su madre para que prospere y tenga larga vida. Luego vienen nuevos nacimientos que representan nuevos tiempos. Un estudio estupendo en la Palabra de Dios es cómo el nacimiento de alguien crea el nuevo tiempo de libertad y esperanza para un pueblo. El nacimiento de Obed de Rut y Booz abrió el camino para que David fuera rey. Me gusta estudiar cómo Ana dio a luz a Samuel. Esto produjo algo nuevo en todo Israel. Usted podrá leer más acerca de estos nacimientos en los capítulos siguientes. Cada uno tiene su propia historia de redención.

Pregúntele al Señor cómo están conectadas las bendiciones de las generaciones en su genealogía. Las generaciones deben conectar lo nuevo y fresco a medida que hacemos avanzar la herencia del Señor de una etapa a otra. Cada generación debe someterse para obtener la revelación necesaria para "poseer las puertas de sus enemigos". ¡Este es un tiempo para conectarse generacionalmente! Esto producirá una herencia vigorizante en el Señor. Nuestras generaciones poseen las puertas. Pida al Señor que haga aparecer todas las bendiciones de su línea generacional que nunca se manifestaron antes, y que haga que esas bendiciones comiencen a manifestarse y a alinearse de generación en generación. ¡Este es un tiempo de manifestación!

Pida gracia para dejar ir el dolor de la época pasada. El dolor puede crear una montaña que llegue a bloquearlo y evitar que usted entre a una nueva etapa.

Ore con una nueva dimensión de fe. En Juan 14:14 leemos estas palabras: "Si algo pidiereis en mi nombre, yo lo haré". Deje de hacer lo que está haciendo, y celebre estos versículos. ¡Este es el momento de sobrepasar su anterior nivel de fe! Debemos ver una manifestación del Señor y su gloria en nuestro medio para poder ver nuestro futuro. *Manifestar* significa "revelar o hacer que algo brille o se ilumine". El Señor está diciendo: "¡Haré que tu camino brille!". Regocíjese cada día mientras declara esta palabra en su atmósfera. Lea tres veces por día este versículo de Juan 14. *¡Esté abierto a las consecuencias de la Palabra!* No se detenga en su última bendición, sino siga buscando nuevas manifestaciones de las bendiciones de Dios en su vida. Rompa toda forma de pensar que dice: "Esto es todo cuanto hay... ¡No puedo ver que el Señor me bendiga de nuevas maneras!". Además, no piense que usted es la única fuente para producir su "más". Esa es verdaderamente una mentalidad de obras que se arraiga en la pobreza.

¡Busque un nuevo brote *que esté surgiendo, que represente un cambio de estación!* En Mateo 24:32-36 vemos lo que nos enseña la higuera. ¿Cómo comenzará a dar nuevo fruto en su vida lo que se ha secado y no ha brotado en el pasado? Insista en el florecimiento que producirá el fruto y el aceite para su futuro. En una hoja de papel, haga una lista de lo que desea ver florecer en su vida. Revise

lo que se ha secado, y pida al Señor que le muestre un nuevo *brote*.

Revise los proyectos archivados. Hay cosas que Dios inició y usted comenzó pero no completó. La guerra espiritual se volvió tan intensa que el proyecto fue archivado. Pida al Señor que sople el polvo de esos proyectos, luego vuelva a revisarlos. Lea Isaías 35 y Hageo 2. Esté dispuesto a ser conmovido y presionado para que la gloria postrera sea mayor que la primera. Sienta el peso y la presión de gloria divina que producirá el aceite para su futuro.

Ayune diez días. Sepárese de su estructura presente. Recuerde que Daniel y sus amigos comieron verduras. Estaban más saludables ¡y sus rostros más radiantes! Existen muchas formas de ayunar. Permita que a veces el Señor elija su ayuno (Is. 58). Usted debe cambiar ciertos patrones o si no dichos patrones permanecerán con usted el resto de la etapa que viene. Esté dispuesto a cambiar para no quedar cautivo en un lugar viejo, familiar. Permita que Dios le diga la única cosa que usted debe hacer. Estuve con uno de los amigos de mis hijos y observé que había bajado de peso. Dijo que había bajado treinta libras al no beber gaseosas ni comer comida rápida los últimos tres meses. No caiga en esclavitud: sólo pídale al Señor que cambie su apetito. En realidad no se trata de comer; ¡se trata de su apetito y de su fe! Acérquese a Él, ¡y Él se acercará a usted! Ponga sus manos sobre el estómago y declare sanidad para su sistema digestivo. Además, declare que el Cuerpo de Cristo será capaz de digerir nueva revelación. Pida al Señor que le permita digerir espiritualmente lo que no podía en el tiempo pasado.

Reciba una nueva unción. Lea el Salmo 92. Declare que una nueva unción comenzará a manifestarse en usted. Confíe en que vendrá una unción para derribar todas las viejas estructuras que lo han detenido en el pasado. Memorice Isaías 10:27 y medite en él.

Que la Palabra de Dios se haga viva en usted de una manera nueva. Reciba un espíritu de revelación. Yo declaro que esto es sólo un comienzo de las nuevas manifestaciones en su vida. Usted verá ocurrir muchas cosas. Que vea nuevas prosperidad, asimile nueva revelación, y reciba una nueva unción.

La estación ha cambiado

En cada nueva estación, debemos aceptar el cambio. Una estación se vincula con un *ciclo*. Un ciclo es un intervalo durante el cual ocurre una secuencia recurrente de eventos. Ellos se repiten y ejecutan periódicamente. No sólo son ciclos que ocurren anualmente o están vinculados a un cambio en la atmósfera, sino que también pueden ser una franja de tiempo que genera libertad o cautividad de generación en generación.

Debemos aprender a relacionar las estaciones del año con las estaciones de nuestra vida. Nuestros sentidos de vista, tacto, oído, olfato y gusto deben llegar a estar realmente conscientes de la estación en la cual estamos. Nos *adaptamos* a cada estación cambiante que encontramos en la vida. Debemos aprender del Espíritu cuándo estar aletargados y cuando florecer. Existen depredadores de los cuales debemos estar conscientes en cada estación. Debemos aprender a vestirnos adecuadamente en cada estación. Este es un proceso natural así como también un proceso de aprendizaje espiritual.

A veces entramos en un surco o rutina en nuestra adoración y nos familiarizamos tanto con la estructura de las reuniones de ese lugar que llamamos iglesia que perdemos la capacidad de *adaptarnos* y cambiar en medio de los tiempos de cambio de Dios. *Iglesia* significa "congregación". ¿Cómo se está congregando en este tiempo? Me siento muy honrado de poder viajar por toda esta nación y por el mundo, y ver congregarse al pueblo del Señor. Personalmente, no puedo pensar en qué otra cosa hacer sino en congregarme con el pueblo de Dios. La *ecclesia* se reúne para tener comunión. Tenemos comunión por los sufrimientos de Cristo, y nos gloriamos en lo que nosotros los santos experimentamos. Compartimos nuestros dolores y nuestros triunfos.

Sin embargo, muchas de nuestras reuniones están cambiando en este tiempo. No nos congregamos sólo para bendecir, vendar unos las heridas de los otros, oír historias, y que se nos enseñen principios. Más bien, nos congregamos para obtener una estrategia para la guerra. Somos un pueblo, un grupo corporativo, que tiene la capacidad de atar y desatar.

Somos levantados en este tiempo para intervenir en los conflictos del reino que están surgiendo por toda la tierra. Hay un pacto de guerra en el ámbito de la tierra. ¿Quién gobernará y cómo administrarán la tierra y sus recursos? En medio de esta guerra del reino, hay un reordenamiento del poder, y un realineamiento de las naciones. Los reinos cambiarán basados en las claves que recibimos para revelar en la tierra la voluntad del Padre.

En el próximo capítulo, revisaremos el proceso del tiempo y cómo nuestro Padre puede redimir el tiempo en nuestra vida porque los días son malos.

CAPÍTULO 3

UNA RESERVA TRIUNFANTE COMPRENDE CÓMO REDIMIR EL TIEMPO

HACE VARIOS AÑOS, iniciamos nuestra Escuela Isacar. Le pusimos a la escuela ese nombre por la tribu de israelitas que sabía cómo moverse en lo nuevo. Eran una tribu que comprendía los tiempos y las estaciones. (Vea 1 Crónicas 12:32.) Yo sabía que parte del entrenamiento que el Cuerpo de Cristo necesitaba era poder *discernir los tiempos* del Espíritu. Esta es una de las escuelas más singulares del mundo cristiano. La escuela tiene una "mentalidad de hombre nuevo": judíos y gentiles hechos uno, con enseñanza desde una perspectiva *hebraica*.

El concepto hebraico del tiempo es diferente de la manera en que pensamos en el mundo occidental. Los hebreos identifican el paso del tiempo con el ciclo de la vida. Ellos ven al hombre participando en dos dimensiones de tiempo. Una era de tiempo fue *temporal*: hemos sido puestos en la naturaleza, e interactuamos con las leyes de la ciencia que nos rodean. La otra dimensión es *una era por venir*:

> En cambio, hablamos con sabiduría entre los que han alcanzado madurez, pero no con la sabiduría de este mundo ni con la de sus gobernantes, los cuales terminarán en nada. Más bien, exponemos el misterio de la sabiduría de Dios, una sabiduría que ha estado escondida y que Dios había destinado para nuestra gloria desde la

> eternidad. Ninguno de los gobernantes de este mundo la entendió, porque de haberla entendido no habrían crucificado al Señor de la gloria.
>
> —1 CORINTIOS 2:6-8, NVI

Dios ha hecho acopio de sabiduría para un tiempo como éste. Podemos obtener una sabiduría a la cual ningún enemigo infernal tiene acceso. Desde una mentalidad hebraica, los eventos que ocurrieron a lo largo de la vida crearon pequeños ciclos de reseña en un cuadro de conjunto de la vida. Cuando todos estos ciclos pequeños, temporales, se sintetizaron, la era finita quedó determinada. Estamos viviendo en un año de *recapitulación*. No vivimos meramente de año en año. Cuando usted mira la época como una totalidad, ve al Señor haciendo algo en nuestra generación. Nos está preparando para que nos movamos más rápidamente y avancemos en los propósitos de su reino en los días venideros.

He tratado de presentar bien a la tribu de Isacar en la tierra de hoy. Anhelo que los hijos de Dios conozcan los tiempos en que estamos viviendo y lo que deberíamos hacer a fin de prepararnos para avanzar en la tierra. Isacar entendía plenamente la prolongada guerra entre la casa de Saúl y la casa de David. Sabía cómo interceder, o *llevar la carga*, para que el pueblo pudiera ser influenciado a cambiar apropiadamente. Isacar sabía cómo *abrir las negociaciones necesarias para el avance del reino* en el futuro. Isacar estaba ubicada entre *Judá*, la tribu de guerra y alabanza, y *Zabulón*, la tribu de las riquezas. Sin conocimiento del tiempo, usted no puede moverse victoriosamente de guerra en guerra.

¡ÉPOCA DE GUERRA!

Muchas veces, hacemos cambios no por elecciones voluntarias, sino como resultado de las guerras de la época. Nos hubiera gustado ver que algo fuera de una manera, pero los conflictos atmosféricos, los conflictos de opiniones, los conflictos filosóficos y los conflictos de emociones nos hacen ir en otra dirección. Santiago dijo que surgen guerras porque dentro de nosotros tenemos pasiones y deseos que no pueden ser satisfechos. Muchas veces, esos deseos nos mantienen en lugares desiertos. Se supone que crucemos hacia la prosperidad, pero en cambio elegimos obrar a nuestra manera en una situación en vez de someternos a la voluntad de Dios. El libro de Santiago describe esta lucha:

> ¿De dónde surgen las guerras y los conflictos entre ustedes? ¿No es precisamente de las pasiones que luchan dentro de ustedes mismos? Desean algo y no lo consiguen. Matan y sienten envidia, y no pueden obtener lo que quieren. Riñen y se hacen la guerra. No tienen, porque no piden. Y cuando piden, no reciben porque piden con malas intenciones, para satisfacer sus propias pasiones.
>
> —Santiago 4:1-3, nvi

La guerra es un conflicto enraizado en los deseos propios

Nuestros deseos pueden ser peligrosos. Si no los sometemos al Espíritu de Dios, un espíritu maligno puede influenciarnos para movernos fuera de tiempo e intentar poseer algo que Dios no nos ha dado. El deseo es una función de la emoción; la emoción está vinculada con el sentimiento. Los conflictos de nuestras emociones pueden generar guerra dentro de nosotros y en la tierra que nos rodea. Este conflicto puede ser individual, territorial, nacional o internacional.

La mayor guerra no es nación contra nación sino pacto contra pacto. ¿Será el pacto con Dios la fuerza que gobierne en su corazón, ciudad, región, estado o nación? Siempre habrá guerras y rumores de guerras. La manera en que percibamos la guerra espiritual que nos rodea y la guerreemos resulta clave mientras nos movemos de era en era.

En los últimos años, hemos visto grandes cambios en el gobierno del mundo y en las estructuras gubernamentales y económicas. Lo que sucedió el 11 de septiembre de 2001 hizo que el mundo entrara en una gran época de realineamiento y despertar. Me refiero a los ataques terroristas que ocurrieron en esta nación y a las torres del World Trade Center que cayeron cuando los terroristas usaron nuestra propia industria aérea nacional contra la estructura que representaba la empresa, el poder y las finanzas de los Estados Unidos. Los aeropuertos cambiaron. Los sistemas de seguridad cambiaron. Una estructura económica cambió. Las naciones fueron a la guerra. Pero el mundo se volvió más consciente respecto a los conflictos de pactos que surgen en la tierra.

El tiempo de Dios en la guerra

Aun en un tiempo de guerra, el *ejército de Dios* tiene normas diferentes por las cuales debemos regirnos. Ellas deben comprender el tiempo, el tiempo de Dios, y las misiones dadas por Dios que conducirán al triunfo. Cada año, intento busca al Señor para obtener revelación que nos haga percibir mejor lo que la voz de Dios desearía transmitir por medio de su pueblo. Somos su voz en la tierra en cada generación y debemos mantener su voz clamando en el desierto. Nuestros decretos abren el camino para que el Señor entre a nuestra época. Una vez que decretamos una cosa, observamos para ver que se manifieste la voluntad de Dios.

¡La revelación edifica! ¡La revelación toma las puertas del infierno! La revelación nos da las llaves del reino. Como pude prever la época de guerra antes de que la manifestación de la guerra llegara realmente a la tierra, escribí *The Future War of the Church* (La futura guerra de la Iglesia) para ayudar al pueblo de Dios a prepararse con la mentalidad de la época.[1] Este libro tiene capítulos relacionados con cómo prepararse para la guerra, fundamentos para la victoria futura, el surgimiento de la iglesia al tercer día, derrocamiento de los tronos de iniquidad, la transferencia de la riqueza, cómo derrotar la anarquía y traer el orden de Dios en el ámbito terrenal, los "itas" de nuestro tiempo, y el surgimiento de las mujeres.

Cuando escribí este libro, recibí muchas críticas contra lo que decía. ¡Entonces ocurrió el 11 de septiembre! La premisa del libro era que al final de siete años, el Señor formaría un odre nuevo para sus santos triunfantes. Ese libro fue escrito y publicado en mayo de 2001, antes de la tragedia del World Trade Center en septiembre de 2001. Esa época es muy real para la mayoría de nosotros ahora, y realmente es histórico en un sentido. Ahora estamos ingresando a la próxima era. El nuevo odre de la Iglesia debería formarse ahora para expresar la victoria en la próxima era.

Dios tiene una reserva triunfante

La ocasión produce campeones. *Triunfar* significa "celebrar y regocijarse con victoria y júbilo". El triunfo indica que se ha obtenido una ventaja sobre el enemigo. El éxito ha sido concedido por medio de una gracia sobrenatural que fue liberada. Piense en el momento en que David llevó el arca triunfalmente. El júbilo era increíble. ¡David danzaba! Se entregó a la adoración porque el Señor había devuelto el arca de su presencia al lugar de la victoria.

Cuando un oficial entraba a la ciudad, recibía una corona de laurel u oro y por lo general iba en carro de guerra tirado por dos caballos blancos. Solían seguirlo los cautivos de sus victorias, quienes podrían haber sido reyes, príncipes o generales que cargaban las cadenas del triunfador. El Salmo 149 dice:

> Cantad a Jehová cántico nuevo;
> Su alabanza sea en la congregación de los santos.
> Alégrese Israel en su Hacedor;
> Los hijos de Sion se gocen en su Rey.
> Alaben Su nombre con danza;
> Con pandero y arpa a él canten.

Porque Jehová tiene contentamiento en su pueblo;
Hermoseará a los humildes con la salvación;
Regocíjense los santos por su gloria,
Y canten aun sobre sus camas.
Exalten a Dios con sus gargantas,
Y espadas de dos filos en sus manos,
Para ejecutar venganza entre las naciones,
Y castigo entre los pueblos;
Para aprisionar a sus reyes con grillos,
Y a sus nobles con cadenas de hierro;
Para ejecutar en ellos el juicio decretado;
Gloria será esto para todos sus santos.
Aleluya

Soy un adorador. El poder y el sonido de la adoración establecen un nuevo orden en la tierra, razón por la que este pasaje es tan importante. La manera en que soltamos el sonido en la tierra ata a los enemigos con quienes estamos en conflicto. El próximo libro de esta serie será *Worshiping in Time: Bringing the Pattern of Sound From Heaven Into Our Atmosphere* (La adoración a tiempo: Traer el modelo de sonido del cielo a nuestra atmósfera). Las alabanzas supremas en los lugares celestiales pueden llevarnos al triunfo en la tierra.

La reserva: la visión

El 31 de mayo de 2008, el Señor me mostró *su reserva triunfante*. Me levantó y me mostró la nación de los Estados Unidos de América. Primero, Él me reveló su remanente y dónde estaban ubicados. Después me mostró sus fuerzas de estado a estado. Me mostró cómo muchos se estaban corriendo hacia el campo enemigo de la religión. También me mostró cómo otros se alineaban en torno a raza y género en oposición al llamado y los dones para la misión.

Después me mostró lugares altos. Estos eran altares que habían sido construidos por el enemigo y colocados estratégicamente por todo el país. Vi como los sacrificios en esos altares recibían poder y mantenían una atmósfera de cautividad por huestes gobernantes. Después, el Señor me mostró la atmósfera. En esta visión, me mostró distintas capas de la atmósfera en relación con su presencia versus el gobierno espiritual demoníaco de esa área o región en particular. (Algunas áreas ya han sido tomadas, y las tinieblas realmente las gobiernan.) Había diez centros de gobierno ya desarrollados en los Estado Unidos. Después me mostró los sistemas de comunicación entre estos centros. Vi cómo un sacrificio otorgaba poder a una dimensión de una presencia maligna, y luego esa presencia se comunicaría con otro centro como si juntos crearan redes de su plan de control. (Podría entrar en detalles aquí, pero esperaré otro momento para hacerlo. En realidad, creo que no sería prudente compartir todo lo que vi. En el próximo libro, cuando tratemos acerca de la adoración, tal vez comparta más.)

El Señor también me mostró las raíces del pacto. Realmente me mostró el nivel de nutrición que seguía injertado a la raíz de su pacto, que Él había desarrollado desde la obediencia de Abraham. Me mostró cómo esta nación primeramente había sido nutrida por esa raíz, pero ahora los medios de conexión del sistema de raíces se habían debilitado. Realmente, algunos de los medios de conexión en partes de esta nación se habían secado, y el sistema de raíces de esa parte de la nación había cambiado, permitiendo que se formara una estructura de raíz diferente.

Después Él me mostró nuestro conflicto entre los sistemas de raíces. Estos conflictos en los próximos años determinarán qué clase de fruto se producirá en esta nación. Me mostraba que los conflictos se multiplicarían e intensificarían. Realmente vi *huertos de contención*. La parte interesante de esta visión fue que diferentes grupos de personas en cada huerto creaban un tipo de fruto diferente del que se había probado en épocas pasadas. A la única cosa que lo pude relacionar bíblicamente fue a la iglesia que creció en Antioquía. La iglesia de Antioquía fue una iglesia internacional que surgió para el progreso del reino para esa de época de la historia.

Después, me mostró cómo el sistema de comunicación de los Estados Unidos estaba vinculado con sistemas internacionales y cómo se estaba generando una nueva forma de comunicaciones globales en el mundo demoníaco. Esta comunicación controlaría las estructuras financieras y legales.

Sin embargo, Él me mostró que su remanente estaba construyendo *reductos de libertad*. Él llamaba a este remanente su "reserva triunfante". Vi veintitrés reductos en veintitrés estados. Después Él me mostró otros reductos que era necesario formar en algunos lugares, y todavía otros donde la atmósfera espiritual ahora no era conducente a la libertad. Tendría que desarrollarse un nuevo tipo de guerra para recuperar esa porción del país. Me mostró cómo las estrategias de oración de la época pasada no serían efectivas en esta etapa. Nazaret y Capernaum son buenos ejemplos de esto en los días de Jesús. También pensé en cómo el Señor les dijo a sus discípulos: "Este género no sale sino con oración y ayuno" (Mateo 17:21).

Después Él me mostró nuevos llamados que se extendían desde el cielo y ángeles que traían esos llamados a la tierra. La intercesión y el trabajo de parto de hoy están abriendo las puertas de los cielos para que estos llamados vengan a los individuos adecuados que liderarán en esta hora. Luego, me mostró su nuevo liderazgo. Este era un liderazgo no sólo de la joven generación sino, además, de las *generaciones realineadas*. Era como si el poderoso ejército de David para esta hora estuviera siendo elegido en un *triple alineamiento generacional*. Cuando se alineaban, sus corazones se volvían uno con el del Señor, y la fuerza para vencer era liberada. Dios ha depositado revelación y visión dentro de usted que será convocado para un tiempo como éste.

Siga el modelo del cielo, no el proyecto del infierno

Nosotros debemos expresar en la Tierra lo que el cielo está expresando. El cielo mantiene el modelo del Creador. Debemos ascender al trono para encontrar el modelo para hoy. Sí, tenemos un mapa de ruta muy bueno y el mejor manual que se ha escrito jamás. Sin embargo, debemos averiguar cómo aplicarlo en esta época. En otras palabras, ¿cómo se aplica la revelación hoy, en esta era de comunicación y movilización? Esto se vuelve una cuestión de motivación de por qué buscamos un Dios del cielo que sabe todo y que ha creado todo. Él tiene un modelo a seguir hoy en día.

El infierno tiene un proyecto. Este proyecto tiene estampado un sello: "Perteneciente al mundo". Romanos 12:2 dice:

> No se amolden al mundo actual, sino sean transformados mediante la renovación de su mente. Así podrán comprobar cuál es la voluntad de Dios, buena, agradable y perfecta. (NVI)

Satanás es el *dios de este mundo*, y le gusta conformarnos a cada uno de nosotros *al mundo de esta era*. Nosotros *debemos* sacar nuestras cabezas a través de las nubes, de la niebla de las circunstancias, y de la confusión que nos rodea, para ver al Señor y el plan del cielo. Hay tiempos en que no debemos ser prácticos sino que debemos oír la voz del Señor en medio del cambiante entorno que nos rodea. No debemos inclinarnos a nuestro propio entendimiento, pues esto se manifestará en una falta de *confianza*. Debemos dejar de lado la desconfianza y nuestra confianza en *caballos, carros y en la carne*, y avanzar hacia un nuevo lugar de fe, la cual vence. Por medio de la revelación, edificamos. Recibiremos las llaves del reino, abriremos los reinos de la tierra, y edificaremos el reflejo del cielo para esta edad. Una vez que comenzamos a edificar, debemos adquirir impulso y seguir edificando.

El reino de Dios está avanzando

La vida del reino en el ámbito de la tierra era usada para ayudar a los individuos a comprender el reino de Dios. Hay dos términos a lo largo de la Biblia que debemos aceptar y comprender: "el reino de Dios", y "el reino de los cielos". Cualquiera que voluntariamente se sujeta al gobierno soberano de un Dios santo se alinea con los principios del reino.

El *reino de los cielos* representa el gobierno que Dios ejerce sobre la tierra en cualquier periodo dado de tiempo. Esto es lo que vincula la interpretación del reino con el tiempo. Juan el Bautista, Jesús y los apóstoles, todos anunciaban que el reino de los cielos había llegado. En realidad, el Señor dijo: "...el reino de Dios está entre vosotros" (Lucas 17:21). Si es así, entonces cuando el Rey se mueve, debemos movernos con Él.

El gobierno manifiesto de Dios en la tierra se está desarrollando siempre. El reino de Dios representa el gobierno de Dios en el ámbito de la tierra. El Rey nos está moviendo de meramente *ir a la iglesia* a comprender *su reino en nuestro territorio*. Nos está llevando a un lugar de dominio, ocupación y gobierno con Él en las esferas y lugares que Él nos ha asignado. Jesús enseñó mucho acerca del reino. El reino es ¡*buenas noticias*! La vida del reino fue proclamada a lo largo de los tres años que tenemos registrados del ministerio de Jesús en el ámbito terrenal con su autoridad mediadora.

El reino *no* se basa en las necesidades: "Porque a los pobres siempre los tendréis con vosotros" (Juan 12:8). Debemos tener compasión por los pobres, pero no dejar que las necesidades de los pobres sean el único deseo que nos motive en el ministerio. Jesús nos dio la responsabilidad de trabajar con los pobres, los huérfanos y las viudas, pero por otro lado, también nos mostró la necesidad de adorarlo a Él espléndidamente como lo hizo María en Lucas 10.

El reino no puede ser controlado por el gobierno civil. A través de las edades, el gobierno civil ha hecho intentos de controlar y dirigir el gobierno de Dios en la tierra. Sin embargo, el reino no se basa en modelos mundanos.

Otro hecho importante que todos debemos reconocer es que no podemos comprender el reino con nuestras mentes naturales. La mente está en enemistad con Dios y anhela conformarse al mundo que la rodea. Pero al renovar nuestra mente, quebramos esa conformidad mundana y nos movemos para ver la vida del reino en medio de las estructuras sociales que nos están moldeando.

El reino no puede ser obtenido por ambición. Lo emocionante acerca del reino es que ¡no puede *posponerse*! El reino está lleno de poder. Estas dos últimas décadas pasadas hemos visto que comienza a levantarse un gobierno del reino para el próximo tiempo de Dios en el ámbito de la tierra. Un pueblo del reino comprende la gracia del reino. Dios ha dispuesto administradores del reino para cada época. Encontramos esos dones enumerados en Efesios 4:11-14. El reino es gobernado con gracia y amor, no con normas, reglas y leyes.

Nos estamos moviendo de gloria en gloria

Usted está siendo posicionado para hacer una transición hacia el próximo ámbito de gloria. Los dos años hebreos anteriores (5766 y 5767) realmente se unen para formar el impulso para 5768: los dos símbolos de *vav* (6) y *zayin* (7) se unieron para formar el símbolo para *chet* (8). En otras palabras, el *derecho que usted reclama* y *la espada con una corona* realmente se unieron para producir su nuevo comienzo. ¡Usted comenzó algo nuevo! Aunque usted se rehúse a cambiar a una dimensión nueva, visible, su último estado presente se convierte en su nuevo estado. Si usted hubiera cedido, Dios se habría encontrado con usted en donde estuviera y lo hubiera hecho comenzar de nuevo. ¡Incluso ahora, usted puede ponerse rápidamente al día y ganar velocidad aunque anteriormente se haya resistido al cambio! Pero si no se rinde a Él, su nuevo lugar sería su antiguo ciclo con las viejas estructuras reforzadas siete veces más. ¡El número ocho (8) siempre está ligado con *nuevos comienzos*! Esta palabra hebrea se vincula con la vida y con ser entusiasta. El año hebreo 5768 fue un tiempo para elegir ser ardiente, lleno de pasión, para que nuestro futuro pudiera ser concebido.

Hay ocho temas clave, que aceptamos en el año hebreo 5768 y en los cuales seguiremos madurando:

1. *¡Habría una manifestación!* Habría una manifestación física de lo que usted había estado viendo y esperando ver.

2. *Usted podría trascender sobrenaturalmente sus limitaciones y comenzar su nueva era.*

3. *La tierra y los cielos se alineaban para crear una nueva presencia divina en su atmósfera.*

4. Dominio *fue una palabra clave.* Usted podría gobernar donde hubiera sido ubicado; gobernaría o vería a las *bestias salvajes* ganar terreno en su tierra.

5. *Usted podría acceder a la gran autoridad de Dios sobre sus enemigos.* Las naciones contrarias serían arrojadas de su tierra. Todo ocupante habría sido despojado de su herencia o de lo contrario obtendría *derechos de ocupante*, y su invasión duraría otro tiempo. La tierra se compara con el estado de nuestra mente. Por lo tanto, 5768 fue un año para transformar la mente para que tuviéramos una nueva mentalidad

de victoria en el tiempo de guerra en el que estamos viviendo actualmente.

6. *"Los impulsos animales" podrían ser sometidos.* Usted podría encontrar su lugar de liberación y no dejar que ninguna bestia salvaje entrara por su carretera. Este fue un tiempo para ser decidido y derrocar toda mentalidad de pobreza. Su actitud no debería haber sido "Un león está en la calle, me esconderé". El año fue un tiempo para estar firme y afrontar cualquier trasgresión para poder apartarla de su camino. Isaías 35 fue una clave para nosotros en 5768.

7. *Los ángeles estuvieron para asistirlo de maneras especiales.* Dios forma su pacto con nosotros para avanzar en nuestro futuro destino. Esto se aplica a familias, regiones y naciones. Si habíamos olvidado y rechazado su pacto en áreas, no era necesario que eso fuera parte de nuestro futuro; hubo una oportunidad para regresar y revisar las raíces de nuestro pacto y realinearnos.

8. *Usted podía aferrarse al Señor.* No tenía que dejar que las garras del enemigo lo arrastraran fuera del escenario de su futuro. El año 5768 fue un tiempo para quebrar el espíritu de orfandad y regresar a un lugar de inocencia. El lugar secreto lo llamaba a marchar. Quédese en el lugar secreto para que pueda ser enviado en misiones clave.

Simplificar, y estar listo para moverse rápidamente

El desorden en su vida, empleo, misión y familia, pueden disminuir su marcha de tal manera que cuando el Señor le dice: "Ven", usted titubee o piense que está demasiado recargado para moverse.

Una mañana, dejé mi casa temprano y me fui a mi oficina para buscar al Señor. Mientras meditaba en dónde habíamos llegado desde septiembre de 2001 y el año del siete, y además examinaba varios términos bíblicos relacionados con el número ocho (8), mi esposa, Pam, me llamó para compartir un sueño. Este es el sueño que me compartió:

> Me desperté lentamente esta mañana con el canto de los pájaros, y era como si estuviera caminando a través de una cortina que dividía el mundo de los sueños del mundo real. Mientras yacía allí, comencé a recordar mi sueño: estaba con un grupo de viajeros, a ninguno de los cuales reconocía, pero sabía que eran importantes para mí. Se nos dijo que teníamos que hacer un viaje, pero no teníamos equipaje, ni pasajes, ni itinerario. Estábamos de pie en una sala de espera similar a la que uno podría ver en un aeropuerto, aguardando partir. De pronto, un fuerte viento comenzó a soplar por la sala de espera (túnel de viento) y nos empujó hacia el final abierto del corredor. Cuando estábamos cerca del final del corredor, una especie de portal se abrió, ¡pero no era como lo que se ve en el show de ciencia ficción *Stargate*! La luz era cálida, y cuando ingresamos al área del portal, éramos incorpóreos y fuimos transportados a otro lugar. Extrañamente, el otro lugar no parecía diferente al lugar donde acabábamos de estar. Sin embargo, no era el mismo lugar. Estábamos dentro de una construcción mayormente de vidrio (como el Pennzoil Place de Houston, Texas).

Todos sabíamos que teníamos que volar para llegar adonde debíamos ir. Bueno, ninguno de nosotros sabía cómo volar, sino que simplemente despegamos y comenzamos a volar alrededor del vestíbulo. La gente del vestíbulo estaba asombrada y comenzó a tratar de agarrarnos, diciendo que ellos también querían volar. Sabíamos que necesitábamos más velocidad para llegar adonde teníamos que ir, así que descendimos suavemente, nos dimos vuelta y comenzamos una carrera antes de lanzarnos desde un mini trampolín en el área del café del vestíbulo. Instantáneamente estábamos fuera del edificio en un medio campestre, y conocíamos nuestra misión: rescatar a un cautivo en el pueblo cercano y llevarlo de regreso con nosotros.

La misión misma sigue siendo vaga, pero recuerdo lo que sucedió cuando estábamos listos para regresar. Uno de los pueblerinos quería venir con nosotros, pero sabía que no era posible, así que nos dio a cada uno un diminuto alhajero. El mío era pequeño, de oro con incrustaciones de perlas. Dentro del alhajero había piezas y trozos de joyas rotas: perlas, cuentas de oro, y cristales. Cada alhajero tenía una palabra sobre él. La palabra en el exterior del mío era *simplificar.* Agradecimos al que nos dio los regalos y nos volvimos para lanzarnos hacia el cielo en el viaje de regreso. Entonces los pájaros me despertaron.

Adquirir velocidad

El año hebreo 5768 no sólo inició un nuevo tiempo en su vida sino que además fue un tiempo en que el Cuerpo de Cristo cobró velocidad. Un objeto con velocidad es difícil de detener. Para detener tal objeto es necesario aplicar una fuerza contraria a su movimiento por un periodo dado de tiempo. Cuanta mayor velocidad tenga un objeto, menos probable es detener su movimiento de avance. Así, se requerirá un mayor monto de fuerza, o un mayor monto de tiempo (o ambos) para hacer que un objeto con más velocidad se detenga. Cuando una fuerza actúa sobre el objeto por un monto de tiempo dado, la velocidad del objeto cambia. Cuando una fuerza actúa por un monto de tiempo dado, la velocidad del objeto sobre el cual actúa cambia. Si la fuerza actúa en oposición al movimiento del objeto, la velocidad de éste se reduce. Si una fuerza actúa en la misma dirección del movimiento del objeto, la velocidad de dicho objeto aumenta. *En cualquier caso, una fuerza cambiará la velocidad de un objeto.* El año 5768 fue un año de fuerzas que rivalizaban por impulsar. Dios se movió sobre nosotros y miró para ver cómo le responderíamos.

Las fuerzas enemigas que no hemos resistido se movieron con fuerza para reducir la velocidad de un reino que está avanzando en el ámbito de la tierra. Debemos atar la operación del hombre fuerte y lograr acceso al botín. No debemos permitir que las voces del temor, la incredulidad y la duda nos impidan avanzar. Debemos comenzar a movernos, como lo hicieron los hijos de Israel cuando salieron de Egipto, y seguir moviéndonos hasta que alcancemos la promesa manifiesta para esta generación.

Comprender el poder del impulso

En física, la fuerza, multiplicada por el tiempo, es igual a la masa multiplicada por el cambio de velocidad. Esto se conoce como *impulso.* El impulso es un cuerpo, individuo o reino, obrando contra otro. El impulso es el efecto de la fuerza al ser comunicada. Esto da como resultado el movimiento. Una vez que las cosas se ponen en movimiento, son difíciles de detener. El Cuerpo de Cristo debe continuar avanzando con gran velocidad en el año próximo.

El impulso puede ser negativo. Debemos saber lo que nos mueve. El Espíritu Santo debe ser lo más importante en nuestra vida. El año 5768/2008 fue un año en que fuimos guiados a cumplir nuestros deseos. Este fue un año en que el poder sobrenatural tuvo acceso a la humanidad. Debemos permanecer bajo la influencia del Espíritu Santo o si no otros espíritus nos conducirán para que estemos de acuerdo con los planes de las tinieblas en la tierra.

Los violentos están arrebatando por la fuerza el reino de los cielos. En los últimos siete años han ocurrido en la tierra ciertos cambios que han creado un movimiento que no puede ser detenido. El reino de las tinieblas debe dar paso al reino de Dios, el cual está avanzando con nueva fuerza. El poder sobrenatural de Dios al ser liberado sobre su pueblo está creando mucho movimiento y cambio en la tierra.

Estamos bajo el impulso, o fuerza conductora, de un Rey que quiere ver cambios en el mundo de hoy. Ahora debemos cobrar velocidad. Al aprender a movernos en nuestras propias esferas de autoridad en el ámbito terrenal, utilizaremos el poder de Dios y luego desataremos ese poder. El año próximo será un año de transformación para el pueblo de Dios. Una vez que seamos transformados, veremos ciudades, regiones y naciones cambiadas. Los campos de la cosecha que están maduros entrarán con gran entusiasmo. ¡No deje que lo guíen impulsos carnales!

Dios lo visitará a tiempo. Esté expectante para velar por esa visitación en su vida. Somos gente que se mueve. Dios tiene un reino que está entre nosotros. El reino de Dios está avanzando. Nos estamos moviendo desde la comunión hacia la guerra. Nos movemos de la alabanza al júbilo mientras vemos una manifestación de sus promesas en el ciclo de nuestra vida. Este es un tiempo de ir más allá y recuperar lo que había permanecido en cautividad. Recuerde la palabra de Pam, *simplificar*, que hará posible que usted retroceda y avance fácilmente hasta que lo nuevo se establezca.

En resumen, éste será un tiempo ¡para *pasar por el ojo de una aguja*! Deshágase de todo, y pase por su lugar angosto hacia lo nuevo.

¿Se puede cambiar el tiempo?

Mi vida está llena de viajes. He estado fuera tanto como veinticuatro días en un mes. He tenido misiones internacionales para visitar siete naciones en nueve días. Piense en el estrés del viaje. Con los viajes por aerolíneas que se vuelven más y más tediosos, muchas veces las personas que me conocen ven mi agenda y me sugieren que me consiga mi propio jet. Sin embargo, algunos miran los lugares donde tengo que estar y cuánto tiempo tengo para llegar allí, y simplemente dicen: "Tal vez sea hora de que seas transportado como Felipe en la Biblia (ver Hechos 8:38-40). O mejor aún, ¿la vida no sería más fácil para usted si pudiera desafiar al tiempo y ser transportado por los portales del espacio hasta el lugar donde debe estar?".

¿Qué es lo que encontramos tan intrigante acerca de los viajes en el tiempo? ¿Por qué tantas fantasías e historias de ciencia ficción son motivadas por el concepto de viajar hacia atrás y adelante en el tiempo? ¿Es nuestra insaciable curiosidad acerca del pasado, o nuestro temor acerca del futuro, o el profundo deseo espiritual de volver hacia atrás en nuestra propia vida y tener la oportunidad de *hacer todo de nuevo*? ¿Cómo podemos afrontar las consecuencias de los errores pasados y seguir teniendo un futuro? Por lo general, nuestra mayor preocupación es levantarnos, sacudirnos el polvo y seguir avanzando. Pero, ¿cómo redimimos el tiempo? Permítame reformular mi primera pregunta: ¿Qué es lo que hace que el tiempo ocupe tanto nuestra vida?

¿No comprendemos el tiempo?

A veces creo que no comprendemos realmente este concepto del tiempo. Actuamos como si nunca fuéramos a tener *otro día*; o como si tuviéramos *todo el tiempo del mundo*.

Nunca leí la Biblia pensando que es sólo un libro de historia, ya que es una persona viviente que se comunica conmigo acerca de cómo vivir hoy. La Biblia no es un libro de historia; es un organismo vivo donde el tiempo y el pensamiento, la acción y el contenido, el autor y la enseñanza están profundamente relacionados unos con otros y con nosotros hoy.

Hablaremos del tiempo desde la perspectiva de Dios. Espero que muchos de ustedes hayan leído *Cómo interpretar los tiempos.* Ese libro ayuda a desarrollar y comprender el tiempo. En él además hablo acerca de cómo la fe es siempre una comprensión *actual*, y que es muy importante aprender a *caminar en el tiempo.* Uno de mis capítulos favoritos de ese libro se llama "¡No temas! Desarrollando fe para su futuro". Además disfruto de la interpretación que se presenta en el capítulo sobre cómo triunfar a través de transiciones difíciles y cómo cambiar plenamente hacia el futuro que le aguarda.

La Biblia se usa para traer dimensiones de sabiduría y revelación desde el ámbito del Creador espiritual hasta nuestro medio tangible. Este es el gran misterio: los cielos pueden manifestarse en la tierra.

Por medio de la Palabra, Dios y el hombre se encuentran. Los eventos, principios y lineamientos espirituales de la boca del Dios del universo son los que miden y pesan todas las actividades de la tierra. Entonces, nuestras emociones y respuestas a tiempo a los límites que han sido marcados por la Palabra de Dios a nuestro alrededor establecen el curso de nuestro destino para que se manifieste en el ámbito terrenal.

Dios habló por medio de los eventos de la historia. Él intervino con personas, lugares y cosas, la naturaleza, y los eventos de la tierra. Miró para ver cómo le respondería la humanidad en sus circunstancias. Él fue el redentor de un pueblo que clamó mientras estaba en esclavitud. Fue quien reveló la verdad y la ley, manifestándose a Sí mismo en los eventos de la historia. Eligió no sólo revelarse en las cosas, los lugares, o la creación, sino que además estableció una relación de comunión con las personas de generación en generación. ¿Es Él el mismo que ayer? ¿Es Él el mismo hoy que en los eventos de la historia? ¿Será el mismo mañana cuando vemos un mundo caótico y prevemos lo que sucederá?

La relación de pacto que he elegido formar es con un Dios que vino a la tierra y enseñó a un pueblo, los hebreos, a adorar. Este pacto que Él estableció fue expresado con un pueblo a quien convirtió en una nación llamada Israel. Buscó a esta nación y a este pueblo como un esposo busca a su esposa. Él se propuso formar la perspectiva de la adoración y del pensamiento religioso de Israel en torno a su ser creativo. Él intervino por ellos en momentos del tiempo. Cuando ellos respondían, cobraban velocidad en el propósito divino de que se convirtieran en su herencia, la nación primicia en la tierra. Cuando resistían su intervención, se extraviaban de los propósitos divinos y perdían la perspectiva de su futuro. Él les enseñó la justicia divina y les dio una estructura legal para protegerlos de modo que pudieran lograr las fronteras de su porción. Él mostró compasión, amor y celo por ellos. Ellos experimentaron su gran amor cuando lo buscaron. Ellos experimentaron las consecuencias de su corazón celoso y su amor por ellos cuando se apartaban y reincidían.

Cuando esta nación decidió no responderle incondicionalmente, Él fue a las otras naciones de la tierra, los gentiles. Él es un Dios de amor que se puede sentir, percibir y aceptar en el tiempo, sea que lo estemos buscando o nos estemos alejando de Él. Es el Dios que nos libera de la esclavitud entrando en el tiempo. Él ha colocado en lo profundo de nuestros corazones la idea de libertad. Él nos da las estrategias para salir de un lugar de cautividad y entrar en las gloriosas riquezas de los lugares celestiales. Podemos experimentar su presencia aquí en la tierra. Ahora ya se ha dado a conocer tanto a judíos como a gentiles.

Nuestros eventos en el tiempo son inseparables del Creador del tiempo. El Espíritu de Dios se manifiesta por medio de la presencia de Dios en la historia a través de cada era. Los actos de su manifestación son verificados, justificados y registrados por nuestros pensamientos y reacciones básicos hacia Él. Nuestras respuestas de fe a sus intervenciones en nuestra vida consisten en comprender sus tiempos y sus estaciones. Cuando no respondemos, perdemos el tiempo de Dios.

Así que, respondo a la pregunta, ¿Él es el mismo hoy? ¡Sí! Declaro que usted responderá adecuadamente en sus acciones, reacciones y progresos en la tierra a un Dios santo. Él nos redimió por medio de la sangre y la persona y el sacrificio de su Hijo. Su Espíritu mora poderosamente en el ámbito terrenal para consolarnos, enseñarnos y dirigirnos.

Se le han dado a usted tiempo y una época para vivir y responder a este increíble Dios de todos los dioses. Aprenda a hacerlo por fe y actuando a tiempo. El Creador es el Dios de la verdad, la bondad, y la hermosura. Además ¡es el Dios de Abraham, Isaac y Jacob! Ellos fueron personas como nosotros. No eran filósofos con ideas sino seguidores con pasión así como nosotros somos apasionados. No representan un tipo de pensamiento o expresión, sino que fueron hombres que lucharon por aprender a adorar a Aquel que se les revelaba.

Abraham, el hombre del pacto con Dios, fue un hombre que tenía una familia. Cuando recibió su llamado del Señor, ya estaba casado con Sara. Ella era una persona que tendría que atravesar sus propias experiencias. Sara tenía que aprender por sí misma la razón por la que estaba siguiendo a un hombre que había sido llamado por Dios para dejar un lugar e ir a otro. Dios mismo tenía que encontrarse con ella así como con Abraham. Ella tenía que conciliar por qué se había unido en pacto con él quien ahora había hecho pacto con Dios. Ella tenía que oír a Dios por sí misma y recibir su propia promesa de Él. Cuando Dios le habló, ella se rió. Eso no impidió que Dios formara una relación con ella ni que Sara se convirtiera en la primera mujer de fe mencionada en el capítulo de la fe, Hebreos 11. Cada uno de nosotros debe tener una intervención del Dios que nos creó.

Usted debe responder estas preguntas hoy: ¿Por qué sigue? ¿Con quién tiene un pacto? ¿Con quién tienen pacto ellos? ¿Cómo afectará esto sus decisiones y reacciones y los tiempos que se le han otorgado para asegurar su destino en la tierra? La vida de quien se une en pacto con alguien sigue la vida de esa persona y extiende el pacto de generación a generación. "Pues el presente no está separado del pasado. Abraham sigue estando delante de Jehová (Gn. 18:22). Abraham permanece para siempre. Nosotros somos Abraham, Isaac, Jacob."[2] Así que, para contestar la pregunta, ¿es Dios el mismo en el pasado y en el futuro? *¡Sí!*

Somos tan extraños, únicos y peculiares

Como Pedro, somos únicos y a veces hasta extraños. Me llevaría días tratar de contar cuántas personas se han referido a mí como *extraño*. Me gusta lo que dice el apóstol Pedro:

> Mas vosotros sois linaje escogido, real sacerdocio, nación santa, pueblo adquirido por Dios, para que anunciéis las virtudes de aquel que os llamó de las tinieblas a su luz admirable; vosotros que en otro tiempo no erais pueblo, pero que ahora sois pueblo de Dios; que en otro tiempo no habíais alcanzado misericordia, pero ahora habéis alcanzado misericordia.
>
> —1 Pedro 2:9-10

Realmente me gusta la manera en que la *Complete Jewish Bible* (Biblia Completa Judía) traduce estos versículos: "Pero ustedes son un pueblo elegido, *cohanim* del Rey, una nación santa, ¡un pueblo para que Dios lo posea! ¿Por qué? Para que ustedes declaren las alabanzas de Aquel que los llamó de las tinieblas a su luz maravillosa. En un tiempo ustedes *no eran un pueblo*, pero ahora son *el pueblo de Dios*; antes, *no habían recibido misericordia*; pero ahora *han recibido misericordia*" (énfasis agregado). Desde esta perspectiva, estamos relacionados con el pueblo del pacto llamado por el Rey de reyes para salir de Egipto y convertirse en una nación que represente al Rey en la tierra. (Vea Éxodo 19:6.) Esto realmente nos manifiesta como un pueblo especial, creado único por Él para ser usado por Él a fin de revelarlo en el ámbito terrenal de generación a generación.

Dutch Sheets dice:

> La afirmación de Jesús de Juan 8:36 es poderosa: Podemos ser "verdaderamente libres"...Es importante que estemos de acuerdo sobre lo que es ser realmente libre. Cristo no estaba hablando de una libertad parcial, ni tampoco sugería una fugaz libertad temporaria. Hablaba de una libertad verdadera, completa y duradera. La palabra griega que usó Jesús para "verdaderamente" es *ontos*, la cual significa "verdaderamente" o "realmente". Denota una existencia real; en otras palabras, es realidad. En una de las pocas veces que aparece en el Nuevo Testamento, *ontos* se emplea para describir la resurrección: los discípulos anunciaron: "Ha resucitado el Señor verdaderamente..." (Lucas 24:34). No era solo una resurrección espiritual, algo que ocurre en el ámbito celestial invisible: hubo una resurrección literal, verdadera y real del cuerpo de Cristo. La Reina Valera dice: "Ha resucitado el Señor verdaderamente".¡Ha resucitado en realidad! La piedra fue quitada de su tumba, y el Jesús resucitado salió de allí como el conquistador del pecado, la muerte, la debilidad, y el dolor. Eternamente, realmente resucitado.[3]

Dutch sigue diciendo:

> ¿Quiénes somos? ¿Por qué hacemos las cosas que hacemos? ¿Por qué una parte de nosotros desea tan desesperadamente cambiar, volverse más disciplinada, andar en libertad, mientras que otra parte de nuestra

> estructura a veces (o a menudo) mata ese deseo? ¿Por qué parece tan fácil para algunos creyentes vencer, caminar por fe, oír la voz de Dios mientras que otros no pueden? ¿Se debe esto a las fortalezas? Y si es así, ¿qué son exactamente y cómo funcionan? En pocas palabras: No podremos arreglar algo hasta que sepamos cómo se compone y cómo funciona. Para ser restaurados a todo lo que Dios originalmente planificó para nosotros, debemos comprender cómo nos hizo Él.
>
> Lamentablemente, nuestro propósito y la comprensión de nosotros mismos se han vuelto autodefinidos en vez de ser definidos por Dios. Nos hemos apartado en nuestra sociedad relativista a una creencia de que realmente no hay problema, y si lo hay... bueno, es su problema, seguramente no es tiempo. No se equivoque. El Señor comprende perfectamente "el problema", y nos lo ha dejado claro por medio de su Palabra escrita. Él no ha olvidado la grave fractura que sufrimos en la caída, y también conoce la importancia de que lleguemos a entender ese estado quebrantado... Muchas luces se encenderán en su mente y corazón mientras comienza a entenderse realmente a sí mismo.[4]

Pedro, Pablo y Juan, todos sabían cuán únicos, peculiares y especiales teníamos que volvernos. Nos animaron a ser un pueblo con el espíritu de revelación descansando en nuestros corazones. También sabían que teníamos que estar alineados con el Revelador de generación en generación. Para la mayoría de nosotros la idea de revelación es inaceptable. Preferimos tener las cosas cuantificadas, ordenadas y que nos las entreguen en vez de recibir y desarrollar nuevas ideas o pensamientos que nunca habíamos tenido. En religión, esa es la razón por la que mucha teología se ha basado en la *cesación* del espíritu de revelación sobre el pueblo de Dios.

Somos un pueblo muy singular y sin precedentes con la capacidad de ser realmente peligrosos en nuestras acciones en la tierra. Tenemos la capacidad de movernos en el tiempo con un conocimiento revelado sin precedentes de los ámbitos celestiales y sacar el mejor provecho de cada oportunidad que se nos presenta diariamente. Nuestro cerebro no puede entender cuán únicos y especiales somos. Por esa razón, Proverbios 3:5-10 dice:

> Fíate de Jehová de todo tu corazón,
> Y no te apoyes en tu propia prudencia.
> Reconócelo en todos tus caminos,
> Y él enderezará tus veredas.
> No seas sabio en tu propia opinión;
> Teme a Jehová, y apártate del mal;
> Porque será medicina a tu cuerpo,
> Y refrigerio para tus huesos.
> Honra a Jehová con tus bienes,
> Y con las primicias de todos tus frutos;
> Y serán llenos tus graneros con abundancia,
> Y tus lagares rebosarán de mosto.

Esta se ha convertido en la escritura de mi vida.

La ciencia quiere predecir

Nunca haría una gran disertación sobre el conocimiento científico opuesto al conocimiento creativo. Sin embargo, diría que nuestro entrenamiento, especialmente en el mundo occidental, se desarrolla para explicar todo lo que ocurre como una manifestación de una ley general. Se nos enseña a creer que cada suceso o evento, especialmente los fenómenos, deben ser tipificados, clasificados y categorizados. Es difícil que comprendamos lo extraordinario y lo aceptemos porque ya estamos clasificando lo sobrenatural y haciéndolo natural antes de poder procesar lo que Dios está haciendo.

Nuestro primer pensamiento en una circunstancia, por lo general no es: "Dios podría estar en medio de nosotros cambiando nuestra dirección".

"Encontramos difícil de creer que un acontecimiento que no sucede *todo el tiempo* o de vez en cuando haya pasado sólo *una vez*".[5] Debido a los procesos mentales, el enemigo de Dios que tiene acceso a la mente carnal cambia los tiempos y las leyes para que no seamos capaces de hacer predicciones correctas. Esto impide que venzamos y nos movamos victoriosamente en el plan del reino de Dios en una determinada época en la tierra. (Vea Daniel 7.)

Sí, los científicos predicen y deben trabajar sobre un evento que se repite una y otra vez hasta que desarrollemos la ley de la ocurrencia. Sin embargo, ciertos eventos no suceden una y otra vez. Han sido organizados por un Dios que nos entreteje, haciéndonos únicos en nuestro diseño. El evento en el tiempo sucedió sólo para usted. ¡La intersección de Dios en su vida vino solamente por usted! Lo que fue revelado o sacado a luz desde la oscuridad se convierte en un evento que marca el curso de su vida y no sólo un hecho cognoscible. Este evento ocurre en un único momento en el tiempo y es usado para definir su elección de vida. En el mundo religioso, hemos tratado de detener el proceso de la revelación en el tiempo que nos hace únicos para "un momento como este" (NVI), por lo cual somos usados poderosamente por el Señor para traer cambios a la tierra. (Vea Ester 4:14b.)

La pérdida de nuestra singularidad produce esterilidad

Mi esposa, Pam, y yo conocemos la esterilidad. Fuimos catalogados como una "pareja estéril". (Más adelante hablaremos más del concepto de desierto.) Sin embargo, ambos sabíamos que Dios nos había elegido, y en vez de ser *estériles* éramos *especiales*. Tal vez yo sabía que era más *singular* que ella, porque siempre pensé diferente.

Al final de los '70, cuando estábamos en el liderazgo y asistíamos a una iglesia tradicional, el diácono principal le dijo a mi esposa en un banquete de Navidad: "Realmente me agrada su esposo, ¡sólo desearía que fuera normal!".

Ella respondió de inmediato: "¿Cómo sabe que no lo es, y que somos nosotros quienes tenemos un problema? ¡Quizás nos hemos conformado tanto que hemos perdido de vista lo que es normal! Él ha elegido buscar al Señor diariamente y obedecer a lo que Él le diga. Eso debería ser la norma".

Pam y yo teníamos que aprender esto y quitar el rótulo de "estéril" de nuestra vida. Teníamos que percibir y responder al Señor cuando entrara a nuestro tiempo y espacio de tal manera que lo dejáramos responder a nuestra fe, cambiar nuestra identidad, y hacernos fructíferos. Sí, esto nos hacía extraños para el mundo que nos rodeaba, pero extendía nuestra herencia hasta el futuro.

Solamente cuando perdemos el sentido de singularidad nos volvemos estériles. El hombre creativo es quien logra capturar lo excepcional e instantáneo antes de que se estanque en su mente. En el lenguaje del pensamiento creativo, cualquier cosa que esté viva es única.

La verdadera revelación viene cuando captamos una idea, y reconocer ese momento de percibir la idea nos hace ver nuestra unicidad y especialidad en Dios. Un joven que trabaja conmigo en nuestro ministerio de adoración es Aaron Smith. Si alguna vez ha visto las películas de *Winnie the Pooh*, tendrá una mejor imagen de él visualizándolo como el personaje Tigger (Tigre). ¡Hablar de único y animado! Él es un verdadero músico. Es de carácter melancólico, de arriba abajo. Sin embargo, es la persona más creativa con la que trabajo. Sobre su escritorio hay un cuadro de un cerdo hormiguero. Debajo de la figura del cerdo hormiguero con un sombrero de fiesta dice: "Aaron sabía que no era un cerdo hormiguero común". Debemos saber que no somos *comunes*: somos *únicos*.

Debemos movernos rápidamente para percibir un momento en el tiempo. Si no percibimos esa divina intervención de nuestro Creador y percibimos el momento en que Él cambia nuestra atmósfera, la unicidad de ese momento se volverá similar a cualquier otra cosa que esté ocurriendo a nuestro alrededor. Esto puede hacer que perdamos nuestro momento especial. Así es como la familiaridad funciona con y desarrolla la esterilidad y conformidad en nuestra vida. Esto es lo que le pasó a la gente de Nazaret (Mateo 13). Sólo veían al carpintero y no podían percibir al Mesías en medio de ellos cuando Él regresó a la ciudad.

¡Oh, caramba! ¿Perderé mi momento?

Creo que lo que más nos fastidia a la mayoría de nosotros es esta pregunta: ¿Lo perderé? Ahora, podemos definir *lo* de muchas maneras. Definiré *lo* mientras me muevo a través de las páginas de este libro y discutimos el increíble concepto de redimir el *tiempo*. Diariamente tiene lugar mucha interacción entre Dios y el hombre. A veces estamos despistados, y perdemos el momento. El evento o la intervención se nos escapan. Estamos demasiado ensimismados o preocupados para ver a Dios en nuestra atmósfera y cómo trabaja en nuestra vida.

Con todas las complejidades del mundo que nos rodea, cualquiera de nosotros podría terminar como Marta de Betania en Lucas 10. Marta estaba preocupada con el trabajo y demasiado ocupada para sentarse y escuchar lo que el Señor estaba enseñando. María, por otro lado, dejaba todo y se sentaba a los pies del Señor. Marta hasta se enojó porque María no la ayudaba a servir. Marta estaba distraída sirviendo. La palabra *distraída* significa "arrastrar en círculos". Marta incluso le exigía al Señor que hiciera que María fuera y "se arrastrara en círculos" con ella. Me gusta insertar mi propio nombre en la respuesta del Señor: "Chuck, Chuck, afanado y turbado estás con muchas. Pero sólo *una* cosa es necesaria; y

María ha escogido la buena parte, la cual no le será quitada" (Lucas 10:41-42, paráfrasis del autor).

Trato de reconocer cuando mis emociones reflejan las de Marta. A través de los años, he ido aprendiendo a resistir el poder de la ansiedad que me agobiaría, capturaría mi imaginación y me confundiría con una realidad desviada de lo que es realmente importante.[6]

Este libro trata acerca de redimir el tiempo: cómo perdemos tiempo *arrastrándonos en círculos*; y cómo después debemos recomprar tiempo y acelerar hacia nuestro futuro. Examinaremos plenamente este concepto a lo largo del libro, pero permítame adelantarme y hacer referencia a Efesios 5:16 en las versiones Reina Valera 1909 y Nueva Versión Internacional. El original griego es traducido con las palabras "redimiendo el tiempo" (RV1909), y "aprovechando al máximo cada momento oportuno" (NVI). Dentro de este contexto las palabras *redimiendo* y *aprovechando* se refieren a un apropiado tiempo *kairós*. Se nos enseña a utilizar el tiempo que tenemos para ciertas acciones designadas porque la oportunidad puede no regresar.

Pero, ¿y si perdemos el tiempo designado para una acción determinada?

Ahora, volvamos hacia el viaje en el tiempo. Allí está el atractivo de experimentar el tiempo de manera circular, en vez de lineal. En otras palabras, si nos estamos moviendo en un círculo de tiempo, podemos regresar a un lugar donde cometimos un error o perdimos una oportunidad que se nos había presentado. Si pensamos linealmente, estamos en una autopista que terminará un día en nuestra muerte y no hay manera de volver atrás al "punto C" una vez que ya estamos en "el punto D". ¡Esta es una de las razones por las que encontramos tan atractiva la idea de viajar en el tiempo! A pesar del hecho de que ninguno de nosotros tiene una máquina del tiempo literal o puede tener acceso a un torbellino temporal, la idea de regresar en el tiempo para redimir un grave error, o cambiar una decisión todavía es tema de muchos libros, películas, y sueños. Creo que por esto amo tanto la Biblia. La revelación siempre avanza, pero Dios puede volver atrás y ayudarme a arreglar los líos desde los cuales he avanzado pero que todavía tienen consecuencias en mi vida.

Para sacar provecho del *viaje* espiritual *en el tiempo*, el creyente tiene que activar e involucrar su generosa imaginación. Hablaremos más de esto en el capítulo sobre redimir nuestro corazón (ya que el corazón y la mente son intercambiables en el pensamiento hebreo). Hasta los puritanos reconocieron el valor de la imaginación cuando se aplica adecuadamente en la vida del creyente. En *The Works of George Swinnock* (Las obras de George Swinnock), el autor tiene esto para decir acerca de la imaginación:

> Si usted se ejercita en la devoción a solas, insiste en espiritualizar las cosas terrenales... Esta es una de las artes más excelentes y enriquecedoras en el cristianismo... El que ha aprendido este misterio es un verdadero químico; deja los restos y los sedimentos de las cosas, y extrae la sustancia y la quintaesencia de ellas... El mundo entero es una grande y vasta biblioteca, y cada criatura en sí misma, un libro distinto, en donde el que toma parte puede leer el poder, la bondad y la infinita perfección de su Hacedor.[7]

Richard Sibbes, un autor puritano del siglo diecisiete, decía esto acerca de la imaginación:

> Deberíamos hacer que nuestra imaginación nos sea útil en las cosas espirituales...Y viendo que Dios se dignó representar para nosotros las cosas celestiales en términos terrenales, deberíamos seguir los métodos de Dios aquí. Dios nos presenta el cielo en términos de un banquete, y de un reino; nuestra unión con Cristo en términos de

> un matrimonio... Aquí tenemos un gran campo para que transite nuestra imaginación, no solo sin dolor, sino con mucho provecho espiritual...Una imaginación santificada hará de cada criatura una escalera al cielo... Mientras el alma está unida al cuerpo, tiene un uso no solo necesario sino también santo de la imaginación, y de las cosas sensibles con las que nuestra imaginación trabaja. ¿Cuál es el fin de los sacramentos sino ayudar a nuestras almas por nuestros sentidos, y a nuestra fe por la imaginación? Como el alma recibe mucho dolor de la imaginación, así también puede recibir mucho bien... Pero después que Dios ha revelado las verdades espirituales, y la fe las ha aprehendido, entonces la imaginación sirve mientras el alma esté unida con el cuerpo, para colorear las verdades divinas y hacer claro lo que cree la fe.[8]

Según Sibbes, una vez que el creyente ha adquirido e internalizado las verdades espirituales, la imaginación es útil para experimentar esas verdades e incrementar la fe del creyente. Esta ha sido una de las búsquedas de mi vida. Tengo una mente muy activa. Aunque siempre he sentido que esta premisa es verdad, ¡nunca esperé encontrar un autor puritano que declarara el concepto tan elocuentemente! Y aunque la idea de viajar en el tiempo no era un tema de la literatura del siglo diecisiete, me aventuraría a decir que Sibbes podría haberlo disfrutado tanto como nosotros. (Uso nosotros porque esto es algo que mi esposa y yo hablamos frecuentemente.)

Para comprender y percibir lo que el Señor está haciendo en nuestra vida, no solo debemos conocernos a nosotros mismos, como dice Dutch Sheets, sino que además debemos intentar conocer a Dios en su infinita grandeza. Si estamos buscando conocer al Creador que nos creó y no solo mirándonos a nosotros mismos, comenzaremos a verlo no solo en nuestra vida sino también en la vida de quienes nos rodean. Mientras lee este libro pídale a Dios que abra y expanda su manera de pensar. Dígale que no desea tener una mentalidad cerrada sino experimentar sus pensamientos creativos mientras avanza por las páginas de este libro.

Un mundo que se mueve rápido con muchos errores por cometer

¿Cuál es entonces el beneficio de imaginar un viaje por el tiempo, además que la pura diversión? "Bueno, ¡vivimos tan apurados hoy en día!" Esta afirmación no es mía; recuerdo que mi abuela la hacía. Realmente puedo recordar esta sentado con mi abuela y oírla cantar: "Toma tiempo para oler flores, ¡pues pronto se marchitarán!". Ella era nativa norteamericana, y se sentaba, se mecía y cantaba tanto en su lengua nativa como en la lengua estadounidense. Entonces decía: "¡Detente, huele el aire!". Por supuesto, no estaba seguro de lo que estábamos hablando porque yo estaba en constante movimiento. Recuerdo haberle dicho a mi abuela cuando la visité en la iglesia que me gustaría oír a Dios y conocerlo como las personas de las historias bíblicas y la anciana dama que estaba sentada al otro lado del banco. Ella me miró y dijo: "Si te sentaras el tiempo suficiente y te calmaras, ¡podrías lograr conocer al Señor!".

Ahora entiendo y comprendo mejor. La vida es movimiento, pero si nos movemos demasiado rápido o contrarrestamos el movimiento de la vida que Él ordenó para nosotros, perdemos mucho de Él en nuestro medio. Me alegro de haber saboreado y recordado fragmentos de tiempo en relación con los miembros de mi familia.

El tiempo tiene límites. Podemos perder las interacciones dentro de los límites del tiempo que se nos ha dado y luego perder de vista la comunión, la percepción, las oportunidades, ventanas de escape y relaciones de alianza fundamentales. Cuando consideramos las limitaciones que nos imponen el tiempo y el espacio, viajar a través del tiempo abre otro mundo de experiencia espiritual. Como Dios no está limitado por el tiempo ni el espacio, y Él es Quien nos dio nuestra imaginación, no hay más limitaciones que los límites de la revelación que Él nos ha dado (Pr. 29:18). Podemos regresar, redimir el tiempo, ver el pasado por los ojos de la fe, y apreciar cada experiencia, sea buena, mala o fea, porque Dios hace que "a los que aman a Dios, todas las cosas les ayudan a bien, esto es, a los que conforme a su propósito son llamados" (Ro. 8:28).

En la literatura, el primer uso del viaje a través del tiempo se halla en una obra de Samuel Madden, titulada *Memoirs of the Twentieth Century* (Recuerdos del siglo veinte), publicada en 1733. En esta historia un ángel guardián viaja a 1728 con cartas de 1997 y 1998. El primer ejemplo de viaje humano por el tiempo no ocurrió hasta 1881, en *El reloj que marchaba hacia atrás*, de Edward Page Mitchell, en que un reloj tiene el poder de llevar a las personas al pasado. No fue hasta que H. G. Wells publicó *La máquina del tiempo* en 1895, que se presentó al público en general este concepto de viajar a través del tiempo por medio de la tecnología.

Aunque la novela *La máquina del tiempo* gira en torno a un viajero anónimo en el tiempo que solo viaja hacia el futuro, la versión de 2002 de la película introduce un elemento diferente. Esta película, que fue dirigida por el bisnieto de H. G. Wells, Simon Wells, tiene lugar en 1899 en la ciudad de Nueva York en vez de Londres. El protagonista es motivado a construir la máquina del tiempo por la prematura —y violenta— muerte de su prometida. Después de cuatro años de esfuerzos en reclusión, la máquina del tiempo está lista, y el, viajero regresa a la noche en que su novia fue asesinada. Sin importar cuántas veces el viajero intenta cambiar el resultado de su pasado, su novia muere. Frustrado, decide viajar hacia adelante en el tiempo para escapar del dolor del pasado.

En el futuro, el viajero descubre que no pudo alterar el pasado por una paradoja temporal. La razón por la que construyó la máquina del tiempo fue, en primer lugar, evitar la muerte de su novia. Ya que ese único evento fue la motivación para su creación, no podía alterar ese suceso sin eliminar la necesidad de la máquina. Una vez que el viajero se da cuenta de que nunca podrá cambiar el pasado, avanza y crea una vida para sí en el futuro.

Este particular escenario es un excelente ejemplo del arte (la película) imitando la verdad. Los sucesos del pasado, sean agradables o desagradables, conforman nuestro futuro. No todos tenemos una infancia idílica o una juventud despreocupada. Muchos de nosotros luchamos con las finanzas, la educación, las relaciones, y los asuntos espirituales. ¡Muchos de nosotros agradeceríamos la oportunidad de regresar en el tiempo y cambiar *algo* para que el camino a nuestra posición actual en la vida no fuera tan difícil! Y sin embargo, si pudiéramos regresar en el tiempo y cambiar algo —y lo hiciéramos— ¡podríamos descubrir que ya no somos la misma persona que Dios quiere que seamos!

Tenga mucho cuidado

El pasaje de la Escritura favorito de mi esposa es Efesios 5:8-16:

> Porque en otro tiempo erais tinieblas; mas ahora sois luz en el Señor: andad como hijos de luz, (porque el fruto del Espíritu es en toda bondad, y justicia, y verdad;) aprobando lo que es agradable al Señor. Y no comuniquéis con las obras infructuosas de las tinieblas; sino antes bien redargüidlas. Porque torpe cosa es aun hablar de lo que ellos hacen en oculto. Mas todas las cosas cuando son redargüidas, son manifestadas por la luz; porque lo que manifiesta todo, la luz es. Por lo cual dice: Despiértate, tú que duermes, y levántate de los muertos, y te alumbrará Cristo. Mirad, pues, cómo andéis avisadamente; no como necios, mas como sabios; *redimiendo el tiempo*, porque los días son malos.
>
> —RV 1909, ÉNFASIS AGREGADO

Redimir significa "volver a comprar o liberar de la cárcel". Así que este pasaje significa volver a comprar o ser liberador de la cárcel. Esta escritura es tan importante para Pam porque su pasado fue muy destructivo. Después de vivir con padres alcohólicos los primeros doce años de su vida, fue adoptada: una maravillosa bendición. Esto comenzó la etapa de "recomprar" su vida. Usted puede leer más sobre sus muchas experiencias en nuestro libro *One Thing* (Una cosa).

Esta es una de las funciones del poder de la salvación y la liberación: redimir el pasado de manos del enemigo de modo que ya no sea un arma contra nosotros. Dutch Sheets, un querido amigo y líder cristiano con quien he pasado muchas horas en el ministerio, dice esto acerca del tiempo: "Antes de que cayéramos de la gracia en el huerto, Dios ya había decretado cómo arreglaría nuestros errores".

Apocalipsis 13:8 dice: "Y la adorarán todos los que moran en la tierra, cuyos nombres no han sido escritos, desde la fundación del mundo, en el libro de la vida del Cordero que fue inmolado" (LBLA). En otras palabras, el Señor ya había hecho provisión para el error que el hombre iba a cometer. No pienso que quisiera que el hombre escuchara al enemigo y quebrara la comunión con Él. Sin embargo, creo que hizo provisión antes de la fundación del mundo para que, cuando nos metiéramos en problemas en el tiempo, Él pudiera restaurarnos otra vez a su plan eterno. Dutch sigue diciendo en su enseñanza: "No podemos ignorar nuestra historia cuando ocurren errores, pero podemos conectarnos desde el presente retrocediendo al pasado y realinear nuestro futuro".[9]

Dios hizo provisión antes de la fundación del mundo para que cuando nos metiéramos en problemas en el tiempo, Él pudiera restaurarnos otra vez a su plan eterno. De esto trata esta obra. Por eso el libro está dedicado a mi esposa. En una ocasión cuando ella estaba enseñando, compartió lo siguiente:

> Cuando era niña y salía afuera a jugar, las palabras "ten cuidado" siempre me seguían por la puerta. Ahora me doy cuenta de que la madre de cada uno probablemente dice lo mismo, pero mis padres tenían una buena razón para agregar esa pequeña instrucción a mi salida. Cuanto tenía nueve años de edad, ya había juntado más de treinta palizas y un tobillo roto de una vida vivida afuera en el sur de California, sin mencionar los incontables cortes, raspados, y quemaduras de sol que no ameritaban para la sala de emergencias. Estoy segura de que mis padres finalmente se dieron cuenta de que su definición de "cuidado" era muy diferente de la mía. Nuestro Padre celestial da a sus hijos el mismo consejo en Efesios 5:15 cuando dice "tengan cuidado" (NVI) de la manera en que vivimos, pero de algún modo creo que el Señor está interesado en mucho más que nuestra seguridad física cuando dice esas palabras.

Ahora Pam y yo nos encontramos diciendo esto constantemente a nuestros hijos. Ya que quebramos el rótulo de "estériles", tenemos seis hijos y varios nietos, y nos encontramos diciendo esto por lo menos cinco veces al día. Solo si las dos próximas generaciones pueden comprender la versión de Efesios citada arriba habremos triunfado completamente como padres y mentores.

Existen diferentes enfoques para definir cualquier palabra. El enfoque más directo sería ir directamente al diccionario y leer la entrada para esa palabra. Otro enfoque sería referirse a un diccionario de ideas afines (tesauro) y encontrar el sinónimo y el antónimo para la palabra. Cuando se determina la definición de una palabra usada en la Escritura, puede ser útil encontrar otra referencia bíblica que use esa palabra.

El diccionario *Webster's New World Collage Dictionary* cita la siguiente definición de *cuidadoso*: "cauto, precavido, que actúa u obra de una manera considerada y meticulosa".[10] El Webster también afirma que "cuidadoso implica mucha atención a o gran interés por lo que sea que fuere el trabajo o la responsabilidad de uno, y generalmente connota esmero o protección contra error o heridas, etc."[11]

Ahora, veamos otra vez Efesios 5:15: "Así que tengan cuidado de su manera de vivir" (NVI). Basándonos en la definición del Webster, tenemos que prestar atención a cómo vivimos, mostrar gran interés por nuestra vida, ser meticulosos y proteger del error y las heridas. En otras palabras, ser meticulosos, escrupulosos, circunspectos, cautos, prudentes, discretos y precavidos en vez de ser descuidados, negligentes y laxos.

La palabra *cuidado* usada en Efesios 5:15 es la palabra griega *akribos*, que significa "con precisión". Según el *Diccionario Expositivo de Palabras del Nuevo Testamento de Vine*, esta palabra "expresa aquella exactitud que resulta de la diligencia".[12] La misma palabra es usada en Lucas 1:3, Mateo 2:8 y Hechos 18:25, y se traduce en la Nueva Versión Internacional como "ordenadamente", "bien" y "exactitud", respectivamente.

No sólo tenemos que vivir cuidadosamente, sino que además se nos instruye a *ser sabios*, no necios. Si volvemos al *Webster's*, descubrimos que la palabra *sabio* significa "tener o mostrar buen juicio; sagaz; prudente; movido por la sabiduría; sensato".[13] Sabio implica la capacidad de juzgar y tratar con personas, situaciones, etc. Nuestras acciones se basan justamente en un amplio registro de conocimiento, experiencia y comprensión.

La palabra griega traducida como "sabio" en Efesios 5:15 es *sophos*, y se usa cuando se hace referencia a "creyentes dotados con sabiduría espiritual y práctica". Por esta razón Pablo oraba por los efesios para que tuvieran revelación y conocimiento de quién es el Señor Jesucristo. Ellos vivían en una ciudad que estaba controlada por la sabiduría humana y las fuerzas sobrenaturales contrarias a los propósitos y la salvación de un Dios santo.

Para vivir con cuidado, tenemos que cultivar sabiduría en nuestra vida. Para el creyente, esto comienza con *el temor del Señor*. Cuando amamos y respetamos a nuestro Padre, podemos recibir su Palabra sin reserva. Combinado el entendimiento y el poder del Espíritu Santo, podemos vivir con cuidado y sabiamente. Con el temor del Señor podemos obtener revelación. De la revelación podemos desarrollar sabiduría. Con sabiduría podemos vencer los obstáculos del enemigo que nos atraparían y detendrían en nuestro avance. Podemos elegir ser sabios, y no necios, porque tenemos la mente de Cristo (1 Co. 2:16). No tenemos que tropezar en la oscuridad, preguntándonos cuál es el camino a seguir o qué puerta abrir, porque "si alguno de vosotros tiene falta de sabiduría, pídala a Dios, el cual da a todos abundantemente y sin reproche, y le será dada. Pero pida con fe, no dudando nada; porque el que duda es semejante a la onda del mar, que es arrastrada por el viento y echada de una parte a otra" (Santiago 1:5-6).

Después de la instrucción de Dios de vivir con cuidado y sabiamente, se nos instruye a sacar el mayor provecho de cada oportunidad. Mi esposa lee la Nueva Versión Internacional. Yo leo al menos tres versiones, incluyendo la New King James y la New American Standard. Parecen usar una elección de palabras más interesante. La versión New King James de Efesios 5:16 dice: "redimiendo el tiempo", y la versión de la New American Standard "sacando el mayor provecho de su tiempo". Todas continúan esta frase con: "porque los días son malos".

Redimir el tiempo

Permítame explayarme lo que he escrito previamente. Webster define la palabra *redimir* como sigue: "recomprar; volver; recuperar, como pagando una suma; cancelar (una hipoteca o nota); convertir (papel moneda) en monedas o lingotes de oro o plata; libertar pagando un rescate; liberar del pecado y de su castigo, como un sacrificio hecho por el pecador; cumplir (una promesa o prenda); poner en lugar de o expiar".[14]

La palabra griega traducida "redimiendo" en Efesios 5:15 es *exagorazo*. Significa: "comprar para uno mismo... aprovechar la oportunidad". En este versículo, la palabra *tiempo* es el término griego *kairós*, que significa una época o un tiempo en que algo es oportuno. La palabra también significa "sacar el mayor provecho de cada oportunidad, abocándose a cada una al máximo ya que ninguna puede recobrarse si se pierde".

Podemos ver la frase "redimiendo el tiempo" desde más de un ángulo. Primero, podemos considerar la idea de aprovechar mejor el tiempo. Esta perspectiva arroja gran luz sobre cómo pasamos nuestro tiempo. Puesto que todos hemos sido culpables de malgastar el tiempo en el pasado, la exhortación de Efesios 5:16 es bastante clara: *¡haga un uso sabio de su tiempo!* Muchos de nosotros vivimos como si tuviéramos todo el tiempo del mundo, pero la verdad es que todos nos hemos lamentado de perder tiempo y oportunidades. Para el creyente, esto significa que nuestro tiempo está sujeto a los planes y los propósitos de nuestro Padre celestial, quien tiene un tiempo para cada cosa. (Vea Eclesiastés 3).

Otra perspectiva de esta porción de Efesios 5:16 se relaciona con uno de los temas favoritos de mi esposa. Nuevamente, volvamos al *viajar en el tiempo*. Incluso mientras escribo esto, me pregunto si estamos entrando en un tiempo en que Dios va a empezar a acelerar la manera en que nos movemos y como estamos en Él (Hechos 17:28). Pam es muy práctica, sin embargo es una gran fanática de la ciencia ficción. Usted pensaría que con mis expresiones extrañas y creativas, lo sería yo, pero ella lo es más que yo. El concepto de viajar en el tiempo me intriga también a mí. En este caso, sin embargo, no me refiero a la versión de la ciencia ficción del viaje en el tiempo (aunque estoy abierto a la posibilidad). En realidad, me refiero al acceso que tenemos a nuestro pasado por medio del poder del Espíritu Santo y a la capacidad de establecer nuestro curso para el futuro. Esto es lo que nos hace un pueblo redimido y profético.

Considere por un momento, el hecho de que *Dios no está sujeto a las limitaciones impuestas a nosotros por el tiempo lineal.* Permítame recordarle lo que dice C. S. Lewis en *Mero cristianismo* cuando escribió la siguiente explicación referente a Dios y el tiempo:

> Ciertamente Dios no está en el tiempo. Su vida no se compone de momentos que siguen unos a otros. Si un millón de personas están orando a Él a las diez y treinta esta noche, Él no necesita escucharlos a todos en ese pequeño fragmento al cual llamamos diez y treinta. Diez y treinta —y cualquier otro momento desde el comienzo del mundo— siempre es el presente para Él. Si usted quiere ponerlo de esta manera, Él tiene toda la eternidad para escuchar la fracción de segundo de oración elevada por un piloto cuando su avión en llamas se estrella... Todos los días son "Ahora" para Él. Él no recuerda que usted hiciera algo ayer; simplemente lo ve haciéndolo, porque, aunque usted ya perdió el ayer, Él no. Cuando consideramos esta característica de Dios, nos damos cuenta de que nuestro Padre tiene acceso a cada momento de nuestra vida desde el comienzo hasta el final como si fueran el presente. Por medio del Espíritu Santo, podemos realmente "recomprar" esos momentos de nuestro pasado en que nos sentimos abandonados, abusados, traicionados, temerosos, etc. El creyente no solo puede ser perdonado por el pasado; también puede viajar de regreso en el tiempo con Dios, verlo como "una ayuda muy presente" en el pasado, y redimir esos momentos del pasado que el enemigo quiso usar para mal.[15]

El Espíritu Santo realmente coloca nuestro pasado frente a nosotros hoy y dice: "¡Resolvamos esto ahora!". Una de las funciones de la salvación es la liberación: redimir el pasado de mano del enemigo para que ya no sea más un arma contra nosotros.

Gracias a Dios que el Espíritu Santo puede movernos desde nuestro presente al pasado y hacia la vislumbre de nuestro futuro. Redimir el tiempo se refiere a ejercer sabiduría al reconocer los tiempos y las épocas ordenados por Dios para nuestra vida. El *Diccionario de Vine* aclara además la palabra griega *kairós* de esta manera: "Las características de un periodo se ejemplifican en la utilización de este término con respecto, p.ej., a la siega (Mt 13:30; Gá 6.9); castigo (Mt 8:29); cumplimiento de deberes (Lc 12:42); oportunidad para hacer cualquier cosa, sea buena o mala (p.ej., Mt 26:18; Gá 6.10: «oportunidad»; Ef 5:16); del mal (Ap 12:12); del cumplimiento de la profecía (Lc 1:20; Hch 3:19; 1 P 1:11); un tiempo apropiado para un propósito (Lc 4:13)".[16]

Eclesiastés 3:1 dice: "Hay un tiempo señalado para todo, y hay un tiempo para cada suceso bajo el cielo" (LBLA). Como creyentes, es nuestra responsabilidad "mirad, pues con diligencia como andéis, no como necios, sino como sabios, aprovechando bien (redimiendo) el tiempo, porque los días son malos". ¿De qué forma este conocimiento debería cambiar nuestra manera de vivir? Oswald Chambers dijo: "Recuerde, todos tenemos el tiempo que hay. *La mayoría de nosotros perdemos el tiempo y queremos invadir la eternidad*".[17] Este conocimiento debería recalcarnos la necesidad de hacernos tiempo cada día y permitir que el Espíritu Santo nos equipe para una vida bien vivida.

CAPÍTULO 4

USTED PUEDE REFORMAR SU FUTURO E INCLUSO SU HISTORIA

LAS ESTRUCTURAS SOCIALES están cambiando en todo el mundo. Debemos recibir revelación sobre cómo interpretar los tiempos en la más increíble época de cambio que hayamos conocido. Cada estructura está cambiando. Hay altos niveles de controversia avecinándose en todas las naciones. Esta nación ha realizado un claro movimiento hacia su futuro. En lo nuevo, usted oye el concepto de revolución y revolucionario discutiéndose diariamente. Estados Unidos nació en una revolución y verá otra vez la revolución.

¿Realmente cuenta mi voto?

El universo habitualmente está más allá de nuestra posibilidad de comprenderlo. La mayoría de nosotros nos preguntamos si nuestro voto realmente importa en nuestra nación. Parece que somos diminutos si nos comparamos con la enorme cantidad de personas que están eligiendo en este país. Sin embargo, su voto está ligado a su conciencia. Usted podría mirarse en el contexto general y comenzar a decir: "Realmente no soy nada, así que ¿qué importa en verdad un acto de mi voluntad?". En la jerga del este de Texas, esto se expresaría: "Lo que hago no vale un comino o no cuenta para nada. Así que haré lo que quiera".

Nuestra "nada" es una imagen que hemos creado en la mente y

que no tiene nada que ver con la manera en que nos creó un Dios santo y que nos conoce desde antes de la fundación del mundo.

Usted debe estar consciente de su Creador y consciente de sí mismo y de su influencia en el mundo. Considerar que una persona no es nada es una imagen de nuestra propia mente, una imagen que nosotros mismos hemos formado. ¡El supremo poder de Dios como Creador nos hace más que nada! "Y creó Dios al hombre a su imagen" (Gn. 1:27): ése es nuestro Creador. Si nos parecemos a Él y estamos hechos a su semejanza, cualquier concepto de ser nada se derriba. No sólo su voto importa, ¡sino que también su vida importa mucho más que un voto!

Cuando tuvimos las elecciones políticas de 2008, los dos partidos mayoritarios de Estados Unidos parecían las dos mujeres de la Biblia peleando por un solo bebé. (Vea 1 Reyes 3:16-28). Hay algunos que tienen un corazón recto para el Señor en ambos partidos. Los movilizadores del Reino no deben dirigir toda su energía sólo hacia una nación sino que deben prestar atención a la advertencia del Señor respecto a tener conciencia de las estructuras políticas. Cuando levantamos al nacionalismo por encima del plan del reino de Dios, estamos en peligro de formarnos una mentalidad y un espíritu como los de Judas. Él tenía su programa y un programa para su nación, pero no tenía corazón para la misión redentora del Señor.

No obstante, debemos recordar: *como votamos es como seremos visitados*. En el griego, la palabra para *visitación* se vincula no sólo con el concepto de supervisar sino además con el emitir un voto. A las personas que viven en una nación con procesos democráticos que conforman la manera en que son gobernados, les es permitido por un Dios santo que gobierna la tierra, elegir su futuro. Nosotros, como el Israel de la antigüedad, podemos demandar un rey y después despertar una mañana y ver que quienes elegimos están tomando decisiones que van en detrimento de nuestro futuro. Siempre hay una oportunidad para cualquiera de tener una relación con un Dios santo y caminar rectamente. Los líderes tienen que elegir tomar la *plomada del liderazgo* que les dimos para gobernar, y no deben usar esa autoridad para alinearse mal ni afectar negativamente el futuro de las generaciones por venir. En otras palabras, la autoridad delegada, si se usa mal, puede hacer que el futuro de muchos se tuerza.

Como dice la Palabra de Dios en 1 Samuel 8, la nación de Israel eligió un rey. En 1 Samuel 8:18, el Señor advierte al pueblo que si elige un rey que no sea escogido por Dios, sucederá lo siguiente: "Cuando llegue aquel día, clamarán por causa del rey que hayan escogido, pero el Señor no les responderá" (NVI). Siempre podemos tomar una decisión que vaya en detrimento de nuestras vidas en los días porvenir. Por esa razón Dios responsabiliza más a los líderes. Es decir que el factor tiempo hace que se vean nuestras verdaderas intenciones y que se manifiesten las consecuencias de nuestras decisiones.

¡Elija a la manera de Él!

Nuestras decisiones determinan nuestro futuro. "Hay camino que parece derecho al hombre, pero su fin es camino de muerte" (Pr. 16:25). Siempre hay gracia para nuestros errores. Sin embargo, las decisiones son diferentes de los errores. Nuestro libre albedrío puede oponerse al poder creativo y a la perfecta voluntad del Creador. El verdadero peligro viene cuando en el presente tomamos decisiones que hacen que el Señor aparte su oído de nosotros cuando clamemos en el futuro. Si usted decide contra la voluntad de Dios, tal vez llegue un tiempo en los días venideros en que necesite que Él intervenga en su vida. Cuando superponemos nuestra voluntad a la voluntad de Dios se genera un cambio en nuestro proceso de pensamiento. Nos engañamos a nosotros mismos, y el engaño genera cambios en las relaciones.

"Adán, ¿dónde estás tú?" El primer efecto de las decisiones equivocadas es en nuestra relación con el Señor. Dios sabe que hemos interrumpido nuestra comunión con Él. Más importante aún, nuestra elección equivocada afecta nuestra relación con otros. Pam y yo solíamos leer a nuestros niños un libro acerca de lo que ocurre cuando se quiebra la confianza. La vitalidad de nuestra conciencia se debilita, se ensombrece, y por último puede cauterizarse de modo que no encontremos gracia en tiempo de necesidad. No sólo nos resulta difícil encontrar al Señor sino que perdemos nuestra propia autoestima. Necesitamos victoria, pero nos hundimos en la tragedia. "Todo aquel que comete pecado, infringe también la ley; pues el pecado es infracción de la ley. Y sabéis que él apareció para quitar nuestros pecados, y no hay pecado en él. Todo aquel que permanece en él, no peca; todo aquel que peca, no le ha visto, ni le ha conocido" (1 Juan 3:4-6).

La gente del reino debe hacer la voluntad de Dios. Somos una nación que está sobre todas las naciones. De modo que, aunque a veces tomemos malas decisiones y elijamos mal, sea acerca del líder de una nación, con quién nos asociamos, cómo administramos los suministros que se nos dan, el compañero equivocado con quien nos casamos, o las malas decisiones en los negocios, ¡Dios en su gracia puede darnos un plan para reformar nuestro futuro! Sin embargo, nuestras elecciones afectan la porción que se nos ha dado para administrar en la vida.

¿Qué es mi porción?

Me gusta leer diferentes escrituras juntas. Encuentro que en ciertos momentos de la vida del autor expresan un ángulo, y en otros añaden a la sabiduría que ya me ha sido dada por causa de una situación diferente que he afrontado en mi vida. El Salmo 16 es un maravilloso pasaje que nos permite comprender que a cada uno nos es dada una porción para supervisar.

> Guárdame, oh Dios, porque en ti he confiado. Oh, alma mía, dijiste a Jehová: Tú eres mi Señor; no hay para mí

bien fuera de ti. Para los santos que están en la tierra, y para los íntegros, es toda mi complacencia. Se multiplicarán los dolores de aquellos que sirven diligentes a otro dios. No ofreceré yo sus libaciones de sangre, ni en mis labios tomaré sus nombres. Jehová es la porción de mi herencia y de mi copa; tú sustentas mi suerte. Las cuerdas me cayeron en lugares deleitosos, y es hermosa la heredad que me ha tocado. Bendeciré a Jehová que me aconseja; aun en las noches me enseña mi conciencia. A Jehová he puesto siempre delante de mí; porque está a mi diestra, no seré conmovido. Se alegró por tanto mi corazón, y se gozó mi alma; mi carne también reposará confiadamente; porque no dejarás mi alma en el Seol, ni permitirás que tu Santo vea corrupción. Me mostrarás la senda de la vida; en tu presencia hay plenitud de gozo; delicias a tu diestra para siempre.

—SALMOS 16:1-11

Este pasaje se relaciona con Hechos, cuando las personas comenzaron a experimentar la promesa del Espíritu Santo en su manifestación plena. Este nuevo nivel de llenura se movió una generación más adelante en otro tiempo y lugar para moldear la historia para los que vendrían en otras edades y tiempos. Cuando agregamos la palabra tan especial del Salmo 73:26,28, comprendemos mejor que tenemos una porción que tiene líneas, límites y un plan. Esta es nuestra herencia en esta vida y en la venidera: "Mi carne y mi corazón pueden desfallecer, *pero* Dios es la fortaleza de mi corazón y mi porción para siempre.... Mas para mí, estar cerca de Dios es mi bien; en Dios el Señor he puesto mi refugio, para contar todas tus obras". (Salmos 73:26,28, LBLA.)

Cada uno tiene una porción que le ha sido asignada. Nuestro destino tiene límites cuyo propósito es la multiplicación, el incremento y la plenitud. Nuestra heredad debería reflejar la plenitud de Dios puesto que Él nos ha permitido ser administradores de una porción de su maravillosa creación. Si nos acercáramos siempre a Dios, podríamos resistir a cualquier enemigo que amenazara nuestra porción y obtener sabiduría a fin de desmantelar las maquinaciones del enemigo para distorsionar nuestras líneas y prosperidad para las generaciones venideras. Las tentaciones de Satanás buscan evitar que multipliquemos e incrementemos la porción que nos ha sido asignada.

Cuando usted se da cuenta de que en la vida se le ha asignado una heredad para administrar, toma conciencia del honor que Dios le ha otorgado. Tome esa heredad o porción y use cada pulgada para producir la plenitud del plan que se ha preparado para esa porción. Esa porción incluye:

- Una asignación o ración de alimento y vestiduras (Gn. 14:24; Dn. 1:8-16).
- Una herencia familiar, la parte de un patrimonio recibido por un heredero (Gn. 31:14; Lc. 15:12).
- Una parcela de tierra (2 Reyes 9:10).
- Una herencia espiritual o religiosa (2 Cr. 10:16).
- Una relación personal con el Señor (Salmo 119:57).
- El juicio que es la parte de los malvados (Mt. 24:51).
- Un monto asignado para multiplicar a fin de que a usted le sea dado más (Lc. 19:11-27)

Usted tiene una porción. La manera en que administre su porción a tiempo es la clave para su victoria, testimonio y poder para vencer en su vida.

¡Usted es una obra en progreso!

Prestamos constante atención a algo que nos moldea tremendamente. Años atrás, cuando tenía dieciocho de edad, elegí abocarme a meditar en la Palabra de Dios. Lo que pensamos, eso hacemos. Somos obras en progreso. *Progresar* significa pasar o ir. Otra forma de mirarlo es que el progreso es el acto de adelantar en un trayecto. Usted podría tener que ir contra la corriente como un barco o moverse contra un enemigo como un ejército, pero sigue andando. Otro concepto vinculado con el progreso es el crecimiento o incremento, como en un negocio. Usted puede progresar en conocimiento, en capacidad intelectual, o en competencia en la negociación de un tratado. El cristiano progresa en virtud, integridad, y crecimiento en su relación para conocer a Dios. ¡Usted hace progresos en asegurar y multiplicar la porción que le fue asignada por el Señor! Usted progresa contra los procesos mentales del enemigo porque aprende a tomar cautivos sus pensamientos cada día y llevarlos a la sujeción y obediencia a Cristo. Entonces, cuando usted le somete su vida, Él hace que actúe y reaccione de la manera en que Él mismo lo haría en cada situación. Las siguientes son algunas preguntas que le ayudarán a determinar el progreso en su capacidad de pensar de la forma en que Él lo hace:

- ¿Qué estímulos del mundo están cambiando su proceso de pensamiento?
- ¿Está usted desarrollando *nuevos* patrones de pensamiento?
- ¿Está escuchando a sus sueños?
- ¿Se está moviendo por *fe* y *no* por sentimientos?

- ¿Está destruyendo fantasías secretas y entrando en la realidad?
- ¿Está dispuesto a entrar en la disciplina de desarrollar *nuevas* habilidades?
- ¿Está rechazando el dolor de sus recuerdos de heridas y derrotas?
- ¿Esos dolores se apoderan de su esperanza para el futuro?
- ¿Está derrotando el poder del dolor y experimentando una nueva liberación del gozo?
- ¿Está echando fuera todo *temor*?
- ¿Está detectando, renunciando a y quebrando ataduras del alma de decisiones relacionales equivocadas de su pasado?

Cuando usted revisa esta lista, puede calificarse en una escala de 1 a 10. ¡Un puntaje de 10 sería cuando usted puede contestar la pregunta con un rotundo "SÍ"! (La mayoría de nosotros haría un puntaje de 7 porque estamos *transformándonos* y todavía tenemos progreso por hacer). Si tiene un puntaje de 70-80, usted está progresando. Si es de 50-69, tiene que progresar en sus emociones. Si tiene un puntaje menor de 50, usted tiene que reagrupar sus pensamientos y pedirle al Señor que reconstruya sus pensamientos y realinee sus emociones, y haga que su mente permanezca en Él, o de lo contrario usted podría encontrarse retrocediendo en los días venideros.

Combatimos contra los que yo llamo *ladrones de la fe* o *ladrones de la confianza*. Uno de los más grandes es la pérdida que produce dolor, el cual nos lleva a un descenso en espiral que nos impide recibir audazmente las bendiciones dispuestas para nosotros. Podemos perder nuestra porción si nuestra fe es robada cuando sufrimos una pérdida. ¡Pero Dios...! Él puede redimir nuestras pérdidas y hacer que lo veamos de una manera mayor que la que podríamos esperar.

¡Lamente y siga adelante! ¡Progrese más allá de la esperanza frustrada!

Después de la colosal elección del pueblo de demandar un rey y que Dios le diera a Saúl, surgieron muchos problemas. Podría contarle toda la historia de 1 Samuel, pero el verdadero problema surgió porque Saúl amaba a Saúl. Había tenido sus experiencias con Dios y con su Espíritu, incluso profetizó, pero Saúl amaba a Saúl y siempre buscó hacer su voluntad en oposición a la voluntad de Dios. Finalmente el Señor no pudo tolerar la desobediencia al plan de su pacto y que el pueblo se descarriase de sus propósitos, y declaró que los días de Saúl habían terminado. Aunque Samuel conocía todos los defectos, fracasos y rebeliones de Saúl, seguía lamentando el final de su relación.

Cuando una etapa concluye debemos procesar efectivamente su conclusión, o de lo contrario no podremos salir de esa etapa terminal y nunca recomenzaremos. Podemos llorar tanto por el fin de una etapa que perdamos el inicio de la siguiente. En consecuencia, podemos sacar nuestra vida fuera de la voluntad de Dios por dificultades emocionales. ¡Pero Dios...!

Dios, en su sabiduría, le dijo a Samuel: "¿Hasta cuándo llorarás a Saúl, habiéndolo yo desechado para que no reine sobre Israel? Llena tu cuerno de aceite, y ven, te enviaré a Isaí de Belén, porque de sus hijos me he provisto de rey" (1 S. 16:1) Samuel tenía sus emociones. Samuel lloraba, pero tenía que seguir adelante. Tenía que desarrollar el plan del reino de Dios. Por supuesto, Samuel ungió a David, y el plan de Dios progresó.

Fácilmente podemos perder de vista las promesas de Dios cuando estamos en situaciones difíciles. A menudo es así como nos desviamos del objetivo de ver a Dios completar nuestro destino profético. Aunque el Cuerpo de Cristo atraviesa grandes tiempos de prueba, no debemos tener temor ni desanimarnos. El enemigo saca ventaja de nuestros periodos de prueba usando estrategias de desaliento. El desaliento genera esperanza demorada, la cual enferma el corazón. Cuando tenemos una medida de desesperanza dentro de nosotros, perdemos nuestra expectación respecto a Dios.

Isaías 55:11 dice: "Así será mi palabra que sale de mi boca; no volverá a mí vacía, sino que hará lo que yo quiero, y será prosperada en aquello para que la envié". En *God's Now Time for Your Life* (El actual tiempo de Dios para su vida) escribo:

> ¿Alguna vez ha tenido una promesa de Dios que estuvo esperando que se cumpla, pero nunca ocurrió? ¿Alguna vez ha tenido un deseo que sintió que Dios le puso en su corazón que nunca se materializó? ¿Alguna vez tuvo fe para ver manifiestarse el plan de Dios para su vida, pero ahora esa fe parece seca y distante? ¿Tiene grandes expectativas de que Dios se mueva a su favor, pero sigue esperando? Ahora llegamos a lo que tal vez sea el aspecto más difícil del cumplimiento profético: la *esperanza demorada* (énfasis agregado). Cuando nuestra esperanza se demora, podemos experimentarla de una de dos maneras. Puede ser una promesa que parezca que nunca se va a cumplir, o puede ser una promesa que se ha cumplido, pero el fruto de esa promesa está muerto. ¿Ha experimentado alguna vez la muerte de una promesa? Realmente puede hacer que el corazón se enferme (vea Pr. 13:12).

Algunos de los tiempos más difíciles para que nuestro ser emocional los procese y siga progresando hasta el final son esos momentos en que esperamos que alguien haga o logre algo, y el deseo emocional o el resultado que esperábamos ver manifestado no se satisface. Esto es particularmente difícil cuando esperamos que el Señor haga algo y Él pospone nuestras expectativas para otra etapa o el resultado de la situación no se manifiesta de la manera que lo habíamos previsto en nuestra mente. Usted espera ver esa gran victoria, y experimenta una derrota. Espera prosperar, y sin embargo, termina en un juzgado por bancarrota. Espera ser sanado, y el aguijón de la muerte se vuelve venenoso. Podría continuar. Este libro le ayudará en algunos de esos casos.

Una doble porción perdida

Muchos de ustedes han oído nuestro testimonio de superación de la esterilidad. El Señor sanó soberanamente a Pam, mi esposa, en 1984. Inmediatamente quedó embarazada, y luego otra vez. Sin embargo, sabíamos que la promesa de fe original que recibimos en 1980 de tener mellizos no había sido cumplida por el Señor. En 1987, después de adoptar dos niños y tener dos hijos naturales, Pam volvió a quedar embarazada. Sin embargo, esta vez notábamos que se iba poniendo más grande más rápidamente que cuando tuvo los otros dos embarazos. ¡Supimos esto porque en verdad esperaba mellizos! Lo que Dios había prometido ahora estaba en camino.

Pam gestó los bebés a término, y el 6 de febrero de 1988, dio a luz a dos hermosos gemelos, cuyos nombres son Isaí David y Jacob Leví. ¡La promesa de Dios se había cumplido! Pero algo estaba mal en sus flamantes cuerpitos. Un bebé tenía un grave problema cardíaco, y el otro un problema hepático serio. A una semana de haber nacido, nuestros dos nuevos hijos habían muerto. Los vi nacer, y los sostuve cuando murieron. El dolor y el duelo eran casi irresistibles. La promesa de estos gemelos había sido la razón por la que pudimos creer que se quebraría en nuestra vida la esterilidad, y ahora, cuando acababa de cumplirse, la promesa había muerto. ¿Cómo debíamos reaccionar? Conocíamos al Señor lo suficientemente bien como para saber que Él era fiel. Realmente, lo que Él nos había mostrado de hecho se había manifestado. ¿Habíamos hecho algo mal? ¿Teníamos que seguir confiando? ¿Cómo tenían que actuar nuestras emociones? Yo estaba yendo y viniendo de Dallas (desde el hospital donde los gemelos estaban siendo tratado) a Denton (en el hospital en que Pam se recuperaba de un operación cesárea). ¿Cómo estábamos dejando que el Señor tratara con nosotros por separado? ¿Cómo procesaríamos esto juntos? ¿Seguiríamos progresando?

Someterse a la mano de Dios

Cuando el segundo de los gemelos murió, tuvimos un servicio al aire libre en su honor. Durante esa reunión, Pam se puso de pie y cantó una hermosa canción sobre el campo en que estaban sepultados. Fue un momento increíble. Una semana después de la muerte del segundo bebé, una amiga llamó y dijo que tenía un verdadero problema con el hecho de que Dios hubiera permitido esas muertes. Además tenía un problema con la manera en que Pam estaba tratando con este trauma: con una fe aparentemente inconmovible. Una de las cosas más impactantes que jamás haya oído de nadie vino de la boca de mi esposa ese día. Pam le dijo a nuestra amiga: "Si hay algo que he aprendido en mi vida, es que cuanto más rápido me someto a la mano de Dios, más rápido puedo resistir al diablo. He elegido someterme a la mano de Dios en esta circunstancia. Y al someterme a su mano, Él me dará la capacidad para vencer al enemigo a fin de que la doble porción que fue robada nos sea devuelta".

El Señor estaba hablando a través de mi maravillosa esposa. Esas palabras penetraron profundamente en mi espíritu, y las llevo desde entonces. Aunque no entendemos lo que ha ocurrido en nuestra vida, en medio de la pérdida y el dolor resultante, necesitamos aprender a someternos rápidamente al plan mejor que Dios tiene para nosotros. Cuando nos sometemos, *estamos debajo*. El concepto de someterse es la acción de permitir que el ala de su bondad y su gracia se extienda sobre nosotros y nos proteja de los pensamientos acusatorios del enemigo, del ataque del mundo, y de la condenación de nuestros propios errores. Si sometemos siempre nuestras vidas a Dios, podemos resistir los bloqueos en el camino de nuestro destino.

Verdaderamente, aprendemos que la pérdida tiene un gran beneficio cuando nos sometemos. Deberíamos permitir que Dios obre para bien en nuestras situaciones y responder a su amor sin importar lo difíciles que puedan ser nuestras circunstancias.

Pam y yo pudimos reconocer que hasta en este trauma que estábamos viviendo con la pérdida de los dos hijos, Dios estaba obrando a nuestro favor un nivel superior de la promesa de restauración. La pérdida puede producir un gran reconocimiento de Dios dentro de nosotros si nos sometemos a su mano.

Esas cosas increíblemente difíciles por las que pasamos se convertirán en realidad en una especie de bendición en la mano del Señor y producirán un mayor cumplimiento profético en nuestra vida. Sí, un tiempo triste, malo e insoportable puede convertirse en un momento lleno de gozo cuando lo colocamos en la mano de Dios y le damos gracias por él. El tiempo da un giro entonces. El cruel recuerdo del dolor por la pérdida del gozo esperado puede ser redimido ahora. Esa situación puede convertirse en una obra transformadora de la gracia que puede ser vista en usted toda la vida.

Otra promesa cumplida

En mi caso, el Señor cambió las circunstancias de la muerte de los gemelos en una tremenda restauración para mi familia entera. Mi familia extensa, todavía distante en nuestras relaciones debido a la crisis con mi padre y lo disperso de nuestras vidas como resultado, ahora se reunía y se relacionaba por este nuevo trauma. El Señor me había hablado cuando tenía dieciocho años y me había dado una promesa: "Restauraré todo lo que has perdido". Estas palabras han sido la fuerza motivadora de mi vida desde el día en que el Espíritu Santo me las dijo. La pérdida y todo su dolor ahora se estaba convirtiendo en un catalizador para el cumplimiento y la nueva visión.

Ahora, en esta terrible pérdida y trauma que Pam y yo estábamos experimentando, estaba viendo a Dios restaurar realmente nuestra unidad familiar, que había estado tan fragmentada. Mi hermana y yo, que habíamos tenido dificultades en nuestra relación, ahora teníamos vínculos afectivos. Mi madre, en vez de amargarse y endurecerse como en el pasado, ahora nos consolaba y caminaba con nosotros a través de todo esto. Un tío distanciado de quien no había oído desde que tenía dieciséis años llamó y respondió a nuestra situación. A los treinta y cinco años de edad, estaba viendo que Dios cumplía la promesa en la cual yo había caminado desde que tenía dieciocho. La muerte de una promesa fue el catalizador para traer vida y cumplimiento a otra promesa.

El plan de redención de Dios está más allá de nuestra capacidad de pensar. La manera en que Él toma el dolor y reordena muchas vidas y emociones y reforma la historia es fundamental para que entendamos su bondad, su gracia, su perseverancia, y su capacidad de hacer que la pérdida resulte para nosotros en un beneficio. ¡Lo que sucedió en mi familia como resultado de la pérdida de nuestros gemelos fue un verdadero milagro!

Nunca ceda a la autocompasión

Lo opuesto a la confianza y a la valía es la autocompasión. Cuando ocurre la autocompasión sentimos que merecemos recibir pero quedamos al margen. Esto puede ocurrir en nuestra vida natural o espiritual. La autocompasión nos ayuda a definir nuestro momento o, diría, hacer que lo perdamos. Sentimos que merecemos o que tenemos derecho a una bendición, y perdemos la fe cuando vemos que se nos escapa una bendición en la vida.

Uno de los mejores ejemplos de autocompasión es el hombre cojo del estanque de Betesda. (Vea Juan 5). Jesús conocía su condición completa y luego, por medio de Pedro, le pregunta al hombre si deseaba ser sano. El hombre comienza a explicar por qué no había podido ni podía ser sano. Jesús pareció dejar de escuchar su autocompasión y lo sanó de todos modos.

La autocompasión reclama derechos

Lo opuesto a aceptar su porción es sentir que usted tiene respecto a una porción un derecho que en realidad no tiene. *Tener derecho* significa "adjuntar o anteponer como un título. Por tanto, como los títulos son evidencias de derecho o propiedad, tener derecho es presentar una demanda a, dar derecho a demandar o recibir."

Tenemos una muy buena amiga que vive en Houston. Es una de las personas más dotadas que conozco. Es alguien que se esfuerza por lograr entenderse a sí misma. No sólo desea saber quién es ella, sino además saber por qué Dios la hizo, y por qué tiene problemas con Él cuando aparentemente guarda silencio. Por qué reacciona ella de la manera en que lo hace y cómo reacciona Dios ante ella son todas preguntas de su vida. Ella me escribió lo siguiente cuando estaba buscando entender por qué sentía que tenía derecho:

> Recientemente me he encontrado soltando con bastante frecuencia la frase "una sensación de tener derecho", no acerca de mí misma, por supuesto, sino acerca de otros. Me he interesado por quienes están tratando con ese problema, y así, por supuesto, el Señor me enseñó cómo yo también lo tengo en mi vida. (¿Nunca aprenderé?) Me he interesado al respecto, sin embargo, al verlo asomando su fea cabeza en mi vida. Mientras un amigo y yo discutíamos la continua irritación de los problemas alimenticios y cómo tratar con ellos, él dijo: "Tiene que ver con un sensación de tener derecho". ¡BINGO! Supe al instante en que lo dijo que él había dado en algo importante.

Ayer fue día de pagos, y otra vez me preguntaba por qué me era tan difícil manejar dinero. ¡BAM! Me golpeó otra vez: tener derecho. Creo que lo he sabido en los oscuros recovecos de mi mente, pero nunca lo miré directamente a la cara. ¿A qué tengo derecho yo? A una venganza.

¡Qué demoníaco es eso! ¿Una venganza? Yo soy una hija del Dios vivo, la novia de Cristo, una hija del pacto, una amiga de Dios. ¿Y tengo derecho a una venganza? Bueno, por supuesto que no. En realidad, debería vivir una vida de gratitud tal que dijera "gracias a USTED" a cada vuelta de esquina. Y hay muchas cosas que ya no son una opción en esta vida con Cristo, cosas que solía disfrutar pero que ya no me siento cómoda si las hago. En vez de codiciar esas viejas cosas y viejos hábitos, nos volvemos hacia una actividad que realmente no es "mala", como comer. Nos sentimos con derecho a hacer lo porque ya no podemos hacer las otras cosas. Y nos envolvemos tanto hasta que llegamos a un punto en que nos damos cuenta de que hemos sido demasiado indulgentes y nos excedimos.

Mi situación con el gastar dinero es muy similar. No hay nada intrínsecamente malo en gastar el dinero… hasta que me excedo y me encuentro en un aprieto. Sin embargo cuando voy de compras, me siento completamente justificada al conseguir lo que deseo porque de seguro no obtuve las cosas que sentía que debería tener, las cosas para vivir. Y así se torna importante para mí estudiar el problema y ubicar el engaño en él; es "una forma de pensar" que huele a boca del infierno.

Entonces, ¿qué es lo que le da a alguien la sensación de tener derecho? En los Estados Unidos nacemos con la sensación de tener derecho, de todos modos, creo que puede ser la puerta abierta para esto. Tenemos ciertas expectativas debido a dónde vivimos y cómo *debería* ser la vida aquí (o así se nos ha llevado a creer). Y a lo largo del camino creo que hemos tenido la idea de que tenemos derecho a un amante esposo o esposa, hijos obedientes, y un hermoso hogar en un vecindario arbolado.

No lo sé. Quizás sea un vestigio de los shows de TV en blanco y negro. Piense en *Father Knows Best* (El padre sabe más), o *Leave to Beaver* (Dale duro). Crecí mirando *The Waltons* (Los Walton), y cuando mis padres no eran Olivia y John Walton me sentía decepcionada. ¿No se suponía que los padres fueran así? Sin embargo, ¿cómo alguien podía vivir un modelo de paternidad tan romántico e irrealista?

Así que ahora me siento aquí años más tarde con cincuenta años de edad en mi espejo retrovisor, sin esposo a la vista, y sin hijos (obedientes o de otra manera). Mis padres no eran los Walton, no tengo acceso a fondos ilimitados (aunque nuestro país es uno de los más ricos del mundo), y algo muy dentro de mí obra detrás de escena para convencerme de que debo poder hacer lo que desee ya que no conseguí esas cosas que se me *debían*. Puedo comer lo que quiera si lo deseo porque no tuve la infancia dichosa que quería. Puedo gastar dinero irresponsablemente porque no tengo esposo ni hijos y se suponía que los tuviera, y por lo tanto merezco cualquier cosa que quiera que esté al alcance de mi poder adquisitivo. ¡Alguien me debe! Es loco, realmente, pero está allí. Y de la mano con eso está la irrealidad. El mundo no es perfecto, ni siquiera en los Estados Unidos. Probablemente usted dice: "Duh. ¿Cómo alguien podría realmente pensar eso?". Pero profundice. Vea si en algún nivel hay algo en usted que cree que debería ser, y que debería haber tenido cierta clase de vida, no por nada que usted haya hecho, sino sólo por su existencia en este planeta.

Somos creados para vivir una vida de alabanza, y sin embargo esta sensación de tener derecho, además de hacer que vivamos con una mentalidad de expectativa en vez de expectación (dos cosas sumamente diferentes), nos lleva a la misma antítesis de la gratitud: descontento e ingratitud. Genera dentro de nosotros un llanto infantil que dice: "¿Cómo llegaron a tener eso y yo no? ¡Eso no es justo!".

El apóstol Pablo dijo que había aprendido a contentarse en cualquier situación, sea de escasez como de abundancia (Filipenses 4:12). Y tenemos que dar gracias en todas las cosas. Creo que como cristianos realmente queremos hacer eso y tratamos de hacerlo. Pero también pienso que el Señor en su infinita misericordia nos está permitiendo (o permitiéndome a mí, al menos) bajar a un lugar en que se hace difícil sentirse realmente agradecida a veces, aun con nuestras mejores intenciones. Y creo que Él está permitiendo que veamos la causa de nuestra incertidumbre y descontento que nos controla a veces por razones que no entendemos.

Si no miramos el tener derecho directamente en la cara y lo identificamos, no podemos tratar con él. Hasta que podamos estar en desacuerdo con el tener derecho y la irrealidad y sepamos que existe un plan para nosotros que supera ése que sentíamos que "merecíamos" o que la vida nos debía, veremos las circunstancias a través de un filtro deformante, al menos en algún nivel. Pero cuando veamos esto sinceramente como la mentira que es, creo que encontraremos tanto gozo y gratitud surgiendo espontáneamente de nuestro interior que nuestra vida nunca será lo mismo porque —¿sabe qué?—servimos a

> un Dios bueno, y Él quiere darnos los deseos de nuestro corazón. Vino para darnos vida, y vida *abundante* —más que de lo que podemos esperar o siquiera imaginar.
>
> Bueno, había otra definición en mi diccionario para *tener derecho*: "estar calificado, presentar una demanda por la posesión de aptitudes adecuadas". Por medio de la sangre de Jesús y nuestra aceptación de Él como Señor y Salvador personal *estamos* calificados y podemos demandar las promesas maravillosas que Él nos ha dado, y sus promesas son "Sí y amén". A eso tenemos derecho. ¡Gloria a Dios![2]

Me encantó este correo electrónico. Lo guardé para este libro porque la manera en que mi amiga procesó este ladrón de la fe fue un increíble ejemplo para todos nosotros.

Desesperación

La desesperación es un estado de miseria y expectación. Realmente, la desesperación es la pérdida de la esperanza en la misericordia y bondad de Dios. Mi familia lee y mira la serie de Anne of Green Gables (Anne de las Tejas Verdes). Uno de los argumentos favoritos surge en la película cuando Anne llega a Green Gables y Marilla, la hermana de Matthew, comenta que estaban buscando un niño y no una niña. Anne dice: "¡Estoy en las profundidades de la desesperación!". Marilla cree que la exclamación de Anne es ridícula, ante lo cual Anne cuestiona: "¿Nunca has estado en las profundidades de la desesperación?".

Marilla responde inmediatamente y dice: "¡Por supuesto que no! ¡Desesperarse es darle la espalda a Dios!".

¡Nuestra desesperación más profunda puede convertirse en nuestro momento supremo! En ese momento podemos ver por qué existimos y nos esforzamos hacia la plenitud de nuestra existencia.

La desesperación destruirá la conciencia de Dios en nuestra vida. Perdemos contacto con Él en nuestra existencia. Es imposible para la mente humana siquiera imaginar lo que podría significar la eliminación de su existencia. Eliminar la existencia se halla más allá de nuestra capacidad. Hacer de Dios un no ser requiere mucho pensamiento creativo de acuerdo con el enemigo. La desesperación es falta de expectativa, esperanza demorada y derrota, todo en alianza contra los propósitos de Dios para nuestra vida.

¡La muerte es nuestro último enemigo!

Nuestra meta como seres humanos es imitar, glorificar y obedecer al Dios viviente. Un ateo piensa que somos el dios supremo. Pero muchos ateos no tienen paz y están llenos de ansiedad. No hay futuro. La vida es finita. Con fronteras angostas y finitas, sin eternidad, y el hombre como la única respuesta, podríamos fácilmente sentirnos abrumados por el temor a la muerte. La ansiedad es realmente una fricción y un temor que se concentra en lo absoluto de la muerte. Ya que la muerte puede ser la frontera exterior de la vida, cuanto más cerca llegamos de la frontera, más parece abrumarnos la realidad de enfrentar la irrevocabilidad del momento. Con el tiempo caminamos tan cerca de esa frontera que la presencia de la muerte se convierte en realidad. ¿La ansiedad de la muerte nos abrumará, o nos llevará a la valentía, la fuerza y la plenitud? Los traumas, las expectativas perdidas y hasta la muerte ¿definen nuestros valores y nuestro futuro, o devastan nuestra esperanza, quiebran nuestro espíritu, y hacen que no veamos la totalidad del plan que está actuando a nuestro favor?

La pérdida produce mucho cambio

El cambio muchas veces viene con mucho sacudimiento. En los tiempos de pérdida, Dios comienza a sacudirnos. Quita el legalismo, el temor, la condenación, las falsas expectativas y las formas erróneas de pensar acerca de Él mismo. Si podemos soportar l sacudida, salimos a un lugar más fuerte, lo cual resulta en mayor madurez. En medio de la pérdida, tenemos una oportunidad única de elevarnos a nuevos niveles y llegar a un entendimiento más profundo de la formidable gracia de Dios. Su gracia siempre es suficiente.

La pérdida puede producir un gozo mayor. Hay muchas escrituras que vinculan la pérdida con el gozo. Deténgase y lea el Salmo 30. De hecho, Pam y yo pusimos uno de esos pasajes en la lápida de la tumba de los gemelos. "Ahora tenéis tristeza; pero os volveré a ver, y se gozará vuestro corazón, y nadie os quitará vuestro gozo" (Juan 16:22). Hay un cierto nivel de gozo que nunca conoceríamos si no experimentáramos la pérdida. Cuanto más profundo sea el dolor, mayor capacidad para el gozo parecemos tener. Después de experimentar la pérdida, nada parece igual.

Gerald Sittser, quien perdió a su madre, su esposa y una hija joven en un trágico accidente de tránsito, escribe: "La experiencia de la pérdida no tiene que dejarnos con el recuerdo de un evento doloroso que se levanta solo, como un imponente monumento que domina el escenario de nuestra vida. La pérdida también puede dejarnos el recuerdo de una historia maravillosa. Puede obrar como un catalizador que nos empuja en una nueva dirección, así como una calle cerrada nos obliga a dar vuelta y encontrar otra salida para nuestro destino. ¿Quién sabe qué descubriremos y veremos a lo largo del camino?".[3]

La pérdida puede producir resurrección. En *Possessing Your Inheritance* (Poseer su herencia), Rebecca Sytsema y yo escribimos: "Podemos estar seguros de que cuando experimentamos pérdida, especialmente de algo que era parte de nuestra herencia, Dios invariablemente tiene un plan para restaurárnoslo. Cuando llega la muerte, por ejemplo, Dios siempre anhela comenzar un proceso de resurrección. David W. Wiersbe, en su libro *Gone but Not Lost* (Idos pero no perdidos), que fue escrito para quienes sufren la muerte de un hijo, escribe: 'La respuesta de Dios a la muerte siempre es vida. Eso no significa que nos va a dar otro hijo cuando uno muere. Significa que del dolor y la ruina de su "otra" vida, Dios le da a usted nueva vida'. Lo mismo vale para cualquier pérdida. La respuesta de Dios para la pérdida siempre es alguna forma de restauración".[4] Él puede redimir nuestro tiempo de dolor y pérdida y crear nuevos paradigmas y fronteras.

El periodo de confianza del desarrollo

Futuro y *expectación* son sinónimos. Nuestro futuro está vinculado con la expectación de que Dios se mueva. Este es para la iglesia un tiempo de renovar su nivel de expectación y elevarlo a otro nivel. Isaías 59-60 es una maravillosa guía de oración a seguir para ver que esto suceda en nuestra vida. La esperanza debe trascender y moverse hacia la fe. La fe produce victoria. La victoria lleva a una demostración del poder de Dios y una manifestación de sus promesas. ¿Recuerda lo que Dios le dijo a Moisés cuando le dio la increíble misión de sacar de la cautividad al pueblo que Él había elegido y moverlo (a tres millones de ellos en total) hacia una promesa que Él había elegido? Sin embargo, en medio de los problemas y las pruebas, el mayor peligro es que perdamos la confianza en Dios y en nosotros mismos.

Una conciencia limpia conduce a la valentía y a la confianza ante Dios. Cuando confiamos en nuestro propio yo, el yo nos decepciona. Cuando confiamos en la gente, la gente nos decepciona. A Satanás le encanta llevarnos a una situación de autosuficiencia y condenación por un tonto error. Esto hace que nuestro corazón nos condene. Dios es mayor que nuestro propio corazón, y aun después de un error colosal, Dios puede restaurar su confianza y redimir el propósito que tiene para usted. Efesios 3:8-13 (DHH) dice:

> Yo soy menos que el más pequeño de todos los que pertenecen al pueblo santo; pero él me ha concedido este privilegio de anunciar a los no judíos la buena noticia de las incontables riquezas de Cristo. Y me ha encargado hacerles ver a todos cuál es la realización de ese designio que Dios, creador de todas las cosas, había mantenido secreto desde la eternidad. De esta manera ahora, por medio de la iglesia, todos los poderes y autoridades en el cielo podrán conocer la sabiduría de Dios, que se muestra en tan variadas formas. Dios hizo esto de acuerdo con el plan eterno que llevó a cabo en Cristo Jesús nuestro Señor. Y en Cristo tenemos libertad para acercarnos a Dios, con la confianza que nos da nuestra fe en él. Por eso les ruego que no se desanimen a causa de lo que por ustedes estoy sufriendo, porque esto es más bien un honor para ustedes.

Pablo sabía quién era. Pero ante todo, sabía quién era Cristo. Él también sabía que algo fundamental para progresar en cualquier tiempo era tener confianza en nuestro Padre celestial que nos da todas las cosas.

Veamos otro individuo. Moisés tenía un problema de confianza. Moisés tenía una historia. En su celo por defender los propósitos de Dios había actuado fuera de tiempo, hizo justicia por su propia mano, y se convirtió en un asesino. En su exilio de cuarenta años en el desierto, Dios no lo había olvidado. Por lo tanto, Dios se levantó para actuar con justicia en una situación desesperada, y usó a Moisés para que fuera su portavoz y líder. Después de que Dios se le apareció en el desierto de Madián, y le pidió que guiara a su pueblo, Moisés por último le preguntó al Señor: "Si ellos me preguntaren: ¿Cuál es su nombre?, ¿qué les responderé?". Dios dijo: "Así dirás a los hijos de Israel: YO SOY me envió a vosotros" (vea Éxodo 3:13-14).

Nuestra confianza: YO SOY

En la antigüedad, conocer el nombre de otro era un especial privilegio que brindaba acceso al pensamiento y a la vida de esa persona. Dios favoreció a su pueblo revelándose a Sí mismo con diversos nombres que ofrecían una especial comprensión de su amor y su justicia. *Jehová* o *Yahvé* era fundamental para comprender la plenitud de Dios. Uno de los nombres más importantes para Dios en el Antiguo Testamento es *Yahvé* o *Jehová*, del verbo "ser", que significa simple pero profundamente "Yo soy el que soy", y "Yo seré el que seré". Dios es el autor de la vida y la salvación. Su "Yo Soy" expresa el hecho de que Él es el Dios personal, infinito y original que está detrás de todo y a quien todo debe remitirse en última instancia. Este nombre, "Yo Soy el que Soy", señala la verdad de que nada define quién es Dios sino Dios mismo. Lo que Él dice y hace es quién Él es. Las Escrituras inspiradas son la guía infalible para comprender quién es Dios por medio de lo que Él dice de Sí mismo y lo que hace. *Yahvé* es el todopoderoso y soberano Dios quien solo se define a Sí mismo y establece la verdad para sus criaturas y obra para la salvación de ellos.[5]

Dios iba a mostrarle a Moisés una manifestación de su nombre más plena que la que Abraham, Isaac, o Jacob habían experimentado. ¡Qué pedido de Moisés! Moisés tenía un vasto conocimiento de la vida. Era un hombre culto, pastor, líder, legislador, soldado y estadista. Era impulsivo y sin embargo manso. El nombre que Dios usara tenía que ser mayor que todas esas características de un simple hombre.

El Padre Dios nos mostró una grandiosa manifestación de ese nombre que ninguno de los patriarcas había conocido. El mismo Yo Soy que le habló a Moisés se manifestó plenamente por medio de Jesucristo nuestro Señor. Hay siete menciones y referencias a Yo Soy en el Evangelio de Juan:

1. "Yo soy el pan de vida" (Juan 6:35).
2. "Yo soy la luz del mundo" (Juan 8:12).
3. "Yo soy la puerta de las ovejas" (Juan 10:7)
4. "Yo soy el buen pastor" (Juan 10:11, 14).
5. "Yo soy la resurrección y la vida" (Juan 11:25).
6. "Yo soy el camino y la verdad y la vida" (Juan 14:6).
7. "Yo soy la vid verdadera" (Juan 15:1).

Cada una de estas imágenes, como apreciará, no sólo continúa afirmando la plena deidad de Jesús sino que además nos dice lo que significa para nosotros que Jesús, el Hijo de Dios, haya elegido convertirse en un hombre y vivir entre nosotros. Jesús es nuestro pan que nos sustenta diariamente. Jesús es nuestra luz, que se abre camino entre las sombras e ilusiones que entenebrecen este mundo maldito por el pecado. Jesús es la puerta, la única puerta por la cual podemos ir y encontrar seguridad. Jesús es el Buen Pastor, quien cuida tanto las ovejas que está dispuesto a dar su vida por nosotros. Jesús es la resurrección y la vida; su poder vivificante es tan grande que puede traer vida a nuestros cuerpos mortales y un día nos resucitará a una renovación total. Jesús es el Camino, la Verdad y la Vida; nadie puede acercarse al Padre excepto a través de Él. Él es la vid, y si permanecemos en comunión con Él, su vida fluye a nosotros los pámpanos, capacitándonos para dar fruto espiritual. Sólo porque Él es verdaderamente Dios nosotros podemos recibir tanto de la relación personal con Él.[6]

Nuestra confianza en un Dios santo, su carácter, sus promesas y su nombre, deben desarrollarse en nosotros. En verdad, así es como determinamos nuestro progreso. Usted ¿está llegando a conocerlo? ¿Está adoptando el carácter de Dios para ser como Él? Quienes lo rodean ¿pueden verlo a Él redimiendo su tiempo y determinando su futuro? ¿Espera usted en Él y no en lo que Él puede darle? Él tiene un tiempo perfecto para su desarrollo. Cuando usted entiende esto, su historia y su futuro cambian.

Un tiempo ordenado para hacer un cambio que afecte su historia

El año bíblico en Israel comienza con la luna nueva después de que la cosecha de cebada alcanza un nivel de siega. Este se llama *Abib*. En el calendario bíblico el periodo entre un año y el siguiente es de doce o trece meses lunares. En la historia, las cosechas de cebada tenían que examinarse al final del duodécimo mes. Si la cebada está madura es *Abib* en ese momento, entonces la siguiente nueva luna es *Hodesh Ha-Aviv* ("Nueva Luna del Abib"). Si la cebada todavía no está madura, debe transcurrir otro mes antes de que la cosecha pueda ser segada.

Quienes me conocen saben que la clave para mi vida es comprender el poder y el principio de las primicias. ¿Cuando se menciona *Abib* en la Biblia hebrea? La historia del Éxodo relata: "Vosotros salís hoy en el mes de Abib" (Éx.13:4). Para conmemorar eso, que el Éxodo ocurrió en el mes de Abib, se traía el sacrificio de la Pascua y se celebraba la Fiesta de los Panes sin Levadura cada año en ese tiempo preciso. Esto relaciona el sacrificio del Éxodo (dejando, o pasando de largo lo viejo) con el aumento de la cosecha. Esto debía entenderse de generación en generación.

Deuteronomio 16:1 dice: "Observarás el mes de Abib y celebrarás la Pascua al Señor tu Dios, porque en el mes de Abib el Señor tu Dios te sacó de Egipto de noche" (LBLA, énfasis agregado). Éxodo 23:15 también reitera: "La fiesta de los panes sin levadura guardarás. Siete día comerás los panes sin levadura, como yo te mandé, en el tiempo del mes de Abib, porque en él saliste de Egipto". Lo mismo se ordena en Éxodo 34:18: "La fiesta de los panes sin levadura guardarás; siete días comerás pan sin levadura, según te he mandado, en el tiempo señalado del mes de Abib, porque en el mes de Abib saliste de Egipto".

Cuando hubiera obediencia, un ángel los guiaría para avanzar y seguir progresando hacia la promesa de su herencia. Creo que hemos perdido el tiempo de la redención. Yo espero que el recordatorio de este libro le ayude tremendamente a comprender que el tiempo de Dios en nuestra vida es perfecto. Él puede redimir años desperdiciados y llevarnos hacia lo que destinó para nuestra vida desde el principio.

¿Qué es *Abib*? Abib indica una etapa en el nivel de desarrollo de las cosechas de cebada. Nosotros también vivimos en etapas de desarrollo. Cuando los granos están en su desarrollo temprano, son flexibles y tienen un color verde oscuro. Cuando van madurando toman otros colores y texturas. De manera similar, usted es más flexible para resistir el daño al principio de su desarrollo que más tarde en su vida.

Sin embargo, creo que si comprendemos el principio de las primicias, continuaremos desarrollándonos hasta que entremos en la plenitud del plan de Dios para cada uno de nosotros. *Plenitud* es otra palabra de tiempo. Creo que el Señor ordenó cada mes con un nuevo ciclo de tiempo que representa el nuevo nivel de fidelidad y bendición que Él tiene para nosotros. Grande es su fidelidad. Su misericordia es nueva cada mañana. El principio de las primicias es que uno da lo mejor de su "cosecha" al principio de cada mes. Cuando usted haga eso, Él bendecirá el conjunto de todo lo relacionado con su cosecha (Ro. 9). Mi meta es que, mientras continúa leyendo este libro, usted logre comprender que el plan de redención entrará en una nueva dimensión de plenitud. En otras palabras, usted será bendecido de mes en mes hasta que las bendiciones lo superen y las compuertas de los cielos lo inunden. Aunque haya cometido errores colosales en el pasado, puede entrar en el perfecto tiempo de Dios y ver que comienzan a derramarse las bendiciones del cielo que estaban guardadas para usted.

CAPÍTULO 5

¡USTED PUEDE VOLVER A EMPEZAR!

EL SEÑOR ESTÁ suscitando una reserva triunfante. Tendrá una novia sin mancha ni arruga. Seremos un pueblo fuerte que hará proezas. Tomaremos los recursos y haremos proezas. Dejaremos atrás nuestras pasadas derrotas y caminaremos en victoria. El mundo sabrá que somos cristianos. Seremos *vencedores.*

El concepto clave de vencer es simplemente esto: *encuentre una manera de vencer, no sea derrotado y avance hacia la plenitud de su destino dado por Dios.* Hay personas que están siendo levantadas y triunfarán. Muchas de ellas experimentaron gran dolor en épocas pasadas de su vida. ¡Este es el tiempo de quebrar "la esperanza frustrada"! Proverbios 13:12 dice: "La esperanza frustrada aflige al corazón" (NVI). No permita que la pérdida lo venza. La pérdida puede producir sacudimiento, pero también puede resultar en gozo, cambio y poder de resurrección. Se nos ha dado el poder para atar al acusador. *¡Así que ate el poder del acusador!* El enemigo se burlará de todo lo que usted ha hecho mal en tiempos traumáticos. Usted debe vencer la autocompasión, la duda y la incredulidad.

Hay esperanza en medio de la oscuridad. Por lo general, en medio de los tiempos oscuros de la vida, nos encontramos llenos de traumas y pérdidas. Estos elementos se esconden en nuestras propias células. El trauma es como una foto instantánea de una cámara. El cuadro del trauma es almacenado en nuestro cerebro, pero el Espíritu Santo quiere movernos de tal manera que seamos soberanamente liberados, Él quiere darnos una nueva perspectiva de la vida y del mundo que nos rodea. El trauma afecta el mismo suelo por el que caminamos. El enemigo saca ventaja de nosotros durante los tiempos difíciles de pérdida o cambio para manipular nuestras emociones a fin de crear:

- Una mentalidad de fracaso
- Percepción confusa de nuestra vida y destino
- Aburrimiento, falta de vida, esperanza diferida, o apatía en nuestro "hombre espiritual"
- Emociones bloqueadas
- Una raíz de amargura que contamina todo el cuerpo

Cuando no tratamos efectivamente los traumas, permitimos que las raíces crezcan, se enreden en nuestros pies y no nos dejen avanzar por nuestro nuevo camino al éxito. El trauma impreso en nuestro sistema de recuerdos también es absorbido en lo profundo de los tejidos del cerebro (el procesador) y afecta el pensamiento y el corazón. Los traumas se convierten en *lámparas de flash* que determinan lo que vemos y cómo definimos el mundo que nos rodea. Cuando no se procesan correctamente, los traumas dan forma a su mundo desde el punto de vista del incidente. El trauma puede producir *encierros* por temor, complejos de fracaso, trastornos emocionales y ansiedad; y hasta pueden ocasionar que nuestros órganos (bazo, riñones, páncreas) trabajen en exceso. ¡Caramba! Podemos estar pasándola muy mal, pero existe una manera de que podamos vencer, revertir el poder de nuestra hora oscura, y avanzar en lo mejor que todavía queda por venir.

Un *vencedor* deja atrás las derrotas pasadas, los traumas pasados, las heridas, los errores y fracasos, para obtener nuevas fuerzas y lanzarse a la próxima etapa con esperanza. En medio de las tinieblas hay luz. En medio de la luz, hay sonido. En medio del sonido, encontramos la voz de Dios. El poder de su voz desgaja los bosques de confusión que nos rodean. El poder de su voz crea un camino en nuestro desierto. El poder de su voz abre las aguas y alza nuestra cabeza por encima de las olas de duda, dolor y desesperación que se levantan alrededor. El poder de su voz vence cualquier estrategia que el enemigo haya desarrollado para mantenernos cautivos en sus cadenas de derrota.

Mi dicho favorito en la vida es "¡Pero Dios...!" Sus circunstancias actuales están desarrollando una mentalidad de victoria dentro de usted. No importa qué situación encuentre molesta en su vida, usted puede gritar: "¡Pero Dios! ¡Él es la luz en mi oscuridad!". Horas oscuras están delante, pero la unción de un vencedor las atravesará y le dará victoria.

USTED PUEDE VOLVER A EMPEZAR

Una manera en que Dios desarrolla en nosotros la unción para vencer es moviéndonos desde nuestro último fracaso pasado, o incluso desde nuestra última victoria, y capacitándonos para seguir corriendo la carrera que tenemos por delante. Algunas horas oscuras no sólo están en nuestro futuro, sino que muchos momentos oscuros también yacen en nuestro pasado. En otras palabras, hubo ciertos momentos en que estropeamos todo, hicimos un desastre, o desperdiciamos olímpicamente nuestra oportunidad de victoria o favorable. Tuvimos una oportunidad, perdimos la oportunidad, y el tiempo de prosperidad se nos fue. Escuchamos una voz equivocada y elegimos un camino equivocado. Nuestros deseos se desviaron, y tuvimos una relación que nunca debió haber sido. Oímos a Dios, buscamos su voz, pero de algún modo nos enredamos en los deseos del mundo y perdimos de vista el camino. Comenzamos la carrera, nos cansamos y abandonamos. La situación más difícil de nuestra vida ocurre cuando un día conocemos la voluntad de Dios, pero de algún modo cometemos un error, y al día siguiente no podemos encontrar el camino. Lo estupendo para nosotros es que ¡vendrá otro día! Nos despertamos muchos días y decimos:

- "¿*Lo* vuelvo a intentar?"
- "Siento que he perdido el hilo y toda mi vida está deshilachada."
- "Esa puerta está cerrada, y ahora ni siquiera veo una ventana".
- "Fui a espiar la tierra, pero los gigantes parecían tan grandes que elegí el desierto. Señor, ¿me permitirás tener otra oportunidad de enfrentar a ese gigante?"
- "Vuelvo a ver el cordón de grana, pero, ¿tengo la fuerza para asirme?"

Siempre hay un camino de regreso. Puede tener que escalar una montaña, o nadar por un río, pero hay un camino de regreso hacia la próxima fase de su vida. Usted puede sobrevivir y volver a encontrar el camino correcto. He aconsejado a muchos que pasaron por terribles divorcios, bancarrotas, pérdida de empresas y hogares, enfermedades y depresiones, y siempre han podido oír al Señor decir: "¡Este es tu camino hacia el nuevo lugar!". ¡A veces la segunda vez es la mejor!

Mi esposa, Pam, enseña sobre el arrepentimiento. Arrepentirse de los errores del pasado es algo raro para los creyentes. Por un lado, podemos mirar los pecados pasados con dolor, sabiendo que de alguna manera fracasamos en alcanzar el estándar de vida mostrado por el Señor Jesucristo. Pienso que esto es muy necesario. Sin embargo, no creo que podamos vivir el resto de nuestra vida con la condenación de ese pecado. Aún a nación de Israel tuvo un periodo que fue establecido para que el pueblo experimentara las consecuencias de su pecado. Pero después la sentencia fue levantada, y una vez más tuvieron la oportunidad de restauración que los llevaría hacia la plenitud.

Por otro lado, sabemos que "todas las cosas ayudan a bien", hasta nuestros errores, así que podemos descansar seguros de que Dios puede, y lo hace, usar nuestros fracasos para enseñarnos y dirigirnos cuando nos humillamos y buscamos su rostro. Aún así, hay muchas ocasiones en que agradeceríamos la oportunidad de regresar en el tiempo y poder *volver a hacerlo* para no tener que soportar las consecuencias de nuestra estupidez y rebelión.

El Dios justo de la segunda oportunidad

¿Es Él un Dios que conoce nuestros defectos y nos da otra oportunidad para la victoria?

> He aquí vienen días, dice Jehová, en que levantaré a David renuevo justo, y reinará como Rey, el cual será dichoso, y hará justicia y juicio en la tierra. En sus días será salvo Judá, e Israel habitará confiado, y éste será su nombre con el cual le llamarán: Jehová, justicia nuestra. [*Jehová Tsidkenu*]
>
> —Jeremías 23:5-6

Cuando estudiamos la Biblia, es importante prestar atención a los nombres de Dios. Los nombres de Dios revelan su naturaleza. Nos dicen cómo es Él y lo que podemos esperar de Él. Dios se ha revelado a sí mismo por muchos nombres. En el capítulo anterior hablamos acerca del nombre "Yo Soy": "Seré el que seré". Hay otros nombres que podríamos considerar. *Jehová Shammah*: "El Señor está presente", *Jehová Yiréh* "El Señor que provee", *Jehová M'kadesh*: "El Señor que nos santifica", o *Jehová Rafa*: "El Señor que sana".

¡Dios quiere que usted lo *conozca* por cada uno de sus nombres y experimente la realidad de cada parte de la naturaleza divina!

Uno de los nombres más importantes para nosotros es *Jehová Tsidkenu*, que significa "El Señor es nuestra justicia". Este nombre nos dice que es parte de la naturaleza de Dios el llevar a su pueblo hacia la plena experiencia de la verdadera *justicia*. Para conocer a Dios como *Jehová Tsidkenu*, primero debemos saber lo que es la justicia.

¿Qué es la justicia?

La *justicia* es una de esas palabras que solo mencionamos en la iglesia. Cantamos sobre ella, oímos sermones sobre ella, y leemos sobre ella en la Biblia, pero por lo general no tenemos idea de lo que significa. En realidad, la justicia es una descripción del carácter de Dios. Si usted lee la Biblia y hace una lista de las características de Dios, terminará con una lista como esta:

- Honestidad
- Lealtad
- Integridad
- Generosidad
- Verdad
- Misericordia
- Amor

Así es como es Dios. Esas palabras describen el carácter de Dios. Todas esas palabras se resumen en la sola palabra *justicia*. Cuando Dios nos dice que seamos justos, está diciendo que quiere que su pueblo sea como Él. Quiere que nuestra vida refleje su carácter dondequiera que vayamos. Quiere que seamos un pueblo señalado por la honestidad, la lealtad, la integridad, la generosidad y todo lo demás.

Dios ha hecho que la justicia sea un principio *fundacional* del universo. El universo está diseñado de tal manera que, generalmente, una vida de justicia traerá el nivel más alto de éxito en cualquier situación. Así la justicia es vivir de acuerdo con el carácter de Dios. Si usted está viviendo en justicia, está viviendo en armonía con el Dios del universo. También vive en armonía con las leyes del *éxito* que Dios ha establecido en su universo.

Para ayudarnos a comprender cómo es la justicia, Dios nos dio varias imágenes de la justicia.

1. *La primera imagen de justicia que tenemos es nuestra conciencia.* Dios ha colocado en usted la comprensión de que algunas cosas son correctas y otras equivocadas. Su conciencia es muy valiosa. Usted nunca debería violentar su conciencia. Pero como usted ha crecido en un mundo pecaminoso, su conciencia se ha distorsionado. No siempre nos da una imagen acertada de lo correcto y lo equivocado.

2. *La segunda imagen de la justicia que Dios nos da es la Ley.* En hebreo, la palabra para la Ley es *Torá*. Literalmente significa "La enseñanza de Dios". La Ley fue dada para *enseñarnos* acerca de Dios. Provee una ventana hacia el corazón de Dios. Nos dice lo que es importante para Dios. La Ley nos da una imagen muy certera de lo que es la justicia. Sin la Torá, nuestros límites nunca son claros y nuestra visión nunca puede manifestarse. Las Escrituras prometen que si meditamos en la Ley y alineamos nuestra vida con ella, seremos prosperados y tendremos gran éxito. (Vea Salmo 1:1-3). Pero la Ley puede ser pervertida y malinterpretada, como lo hacían los fariseos. De modo que Dios nos dio otra imagen más de la justicia.

3. *La perfecta imagen de la justicia es Jesús.* Si usted quiere saber cómo es la justicia, mire a Jesús. Su vida

> fue la perfecta expresión de la voluntad del Padre. Jesús representó un equilibrio perfecto de honestidad, lealtad, integridad, generosidad, verdad, misericordia y amor.

Dios nos dio estas imágenes de la justicia para *mostrarnos* cómo es la justicia. Son como una *plomada* colgada en el ámbito de la tierra. Le permiten ver si su vida está alineada con la naturaleza y el carácter de Dios. Cuando su vida *no está a plomo* con la justicia de Dios, eso es lo que la Biblia llama *pecado*. Cuando usted peca, significa que su vida está fuera de sincronía con los principios fundamentales del universo. ¡Eso lo deja abierto a los problemas! Cuando pecamos, siempre hay consecuencias. Eso es parte de la naturaleza de la realidad. Existe la "paga del pecado".

Algunas consecuencias del pecado son parte del orden natural. Por ejemplo, si usted es promiscuo, tendrá problemas. No necesita que la Biblia se lo diga. Cualquier médico puede decírselo. Si su vida se caracteriza por la embriaguez, tendrá muchos conflictos. El pecado puede parecer aliviador en el momento, pero hay consecuencias por violar los principios subyacentes del universo. Además de las consecuencias naturales, el pecado trae opresión del diablo. El pecado quita la protección dada por Dios y permite que Satanás nos acose y oprima. La opresión de Satanás incluye cosas tales como confusión, enojo, depresión, enfermedad, dolor y carencias.

La justicia *nos protege* de gran daño. Efesios 6 nos enseña que la justicia es parte de nuestra armadura espiritual. Efesios 6:14 nos dice "Manténganse firmes… protegidos por la coraza de justicia" (NVI). Dios dice que la justicia es como la coraza de un soldado. Cuando se escribió la Biblia, la coraza era una pieza importante de la armadura. Protegía los órganos vitales del soldado. Cuando la flecha del enemigo golpeaba su coraza, rebotaba. Siempre que su coraza estuviera intacta, el soldado estaba protegido del enemigo. Pero si su coraza estaba dañada, él se volvía vulnerable. Dios dice que la justicia es como una coraza. Lo protegerá de los ataques del enemigo. Si usted camina en justicia, está protegido del daño en muchas maneras.

Así que, ¿cómo nos ponemos nuestra coraza de justicia? ¿Cómo vivimos una vida justa que agrade a Dios y nos proteja del mal?

La clave de la justicia

Mi ministro asociado el Dr. Robert Heidler es un teólogo preparado en el Seminario Teológico de Dallas. Robert es uno de los mejores maestros que he conocido, y hace que las cosas sean simples. Recientemente, él estaba enseñando acerca de la justicia, y lo escuché atentamente. La mayor parte de lo que voy a compartir en el resto de este capítulo fue adaptado del material que Robert enseñó sobre la justicia.

Comenzó compartiendo que a muchos de los cristianos se les ha enseñado a ir a la iglesia, orar, diezmar, leer la Biblia ¡y vivir una vida que agrade a Dios! Se les da entonces una serie de reglas a seguir. Las reglas pueden ser los Diez Mandamientos, el Sermón del Monte, u otra lista de reglas.

Muchas denominaciones eclesiásticas han desarrollado reglas que van mucho más allá de cualquier instrucción bíblica. Robert decía: "En algunos círculos, la regla más importante para vivir una vida justa dice algo como: 'No fume, no beba, no diga malas palabras, no charle, ¡o váyase con quienes lo hacen!'".

Sean cuales fueren las reglas que se comuniquen, el mensaje es claro: ¡La manera de vivir una vida justa que agrade a Dios es obedecer estas reglas! ¡Y muchos cristianos realmente tratan de obedecer las reglas! Sin embargo, el problema con reglas como éstas es que fracasan en que no pueden dar una fórmula para una vida de gozo y comunión con Dios. En vez de eso, son una fórmula para una vida de frustración. El resultado de establecer una lista de reglas y tratar de seguirlas es éste: ¡usted fallará siempre!

Como resultado, los cristianos pasan adelante durante un servicio de iglesia cuando se hace una invitación para *dedicar sus vidas* o *rededicar sus vidas* a Dios, pero siguen terminando en pecado. Le prometen a Dios que lo harán mejor la próxima vez, pero siguen pecando. Toman resolución tras resolución y lo intentan de verdad. ¡Pero vuelven a *fallar*! Así que aprietan los dientes y afirman su resolución y determinan: "Esta vez *viviré* una vida piadosa." Pero vuelven a fallar siempre. Muchos terminan por dejar la iglesia y regresar al mundo frustrados, diciendo: "¡*Traté* de vivir la vida cristiana, pero simplemente no podía hacerlo!".

¿Cuál es el problema?

Como enseñaba Robert, el problema es que la gente está *aplicando el plan equivocado.* Hay dos maneras de intentar vivir una vida recta. En la primera, *plan A,* usted recibe una lista de reglas (la Ley), y trata de disciplinarse para obedecerlas. El plan A también se conoce como *legalismo.*

En el segundo plan, el *plan B,* usted admite que es un pecador y permite que Dios produzca su justicia en usted. Como Dios sabía que desearíamos hacerlo por nosotros mismos, le dio a la humanidad una oportunidad de lograr la justicia por el plan A. Cuando Dios hizo su pacto con Israel en el Sinaí, ¡le dio la Ley! Eso era el plan A.

Plan A: el regalo de la Ley de Dios

La Ley fue un regalo misericordioso de Dios. No fue una lista arbitraria de reglas. Era una imagen de la justicia. Dios dio la Ley para que podamos ver cómo es la justicia. Él dijo: "Si desean ser justos, *hagan estas cosas*".

E Israel determinó hacerlas. La respuesta de Israel a la Ley fue: "Haremos *todo* lo que Dios manda". Pero cuando Israel trató de guardar la Ley, descubrió que tenía un problema: ¡seguían cayendo en pecado! Encontraron que no *podían* ser justos. Aprendieron que aunque la Ley da una hermosa *imagen* de la justicia, no les daba el *poder* de la justicia.

De pronto se dieron cuenta del hecho de que eran *pecadores*. Eso es lo que *siempre* ocurre cuando tratamos de guardar la Ley. Permítame contarle un secreto que la mayoría de los pastores nunca le dirán: *¡El plan A nunca funciona!* Usted no puede volverse justo tratando de seguir la Ley.

De modo que, ¿por qué Dios nos dio la Ley? Muchos cristianos responderían esa pregunta diciendo: "¡Dios nos dio la Ley para ayudarnos a vivir una vida justa!" Eso suena lógico pero ¡es absolutamente *falso*! Romanos 3:20 nos dice que *ninguno* será justificado por observar la Ley, sino que por medio de la Ley tomamos conciencia del pecado. Dios nunca *esperó* que la Ley nos hiciera justos. La Ley nunca ha hecho justo a *nadie*.

Cuando Robert enseñó ese día sobre la justicia, usó la siguiente analogía: "La Ley no es la *medicina* para curar nuestro problema del pecado. La Ley es el *termómetro* para mostrarnos cuán enfermos estamos realmente". Dios no dio la Ley para hacerlo a usted justo. ¡Dio la Ley para revelar su *pecado*!

En Romanos 7:7 Pablo escribe: "Yo no conocí el pecado sino por la ley". En Romanos 7 Pablo describe cómo trató de guardar la Ley, pero siempre fallaba. Escribió: "Porque no hago el bien que quiero, sino el mal que no quiero, eso hago" (v. 19). Finalmente clamó por la misericordia de Dios: "¡Miserable de mí! ¿Quién me librará...?" (v.24). Eso es lo que Dios dispuso que la ley hiciera. Dios dio la ley para mostrarnos nuestros problemas para que clamáramos a Él por gracia. Y es ahí donde Dios pasa a Juan 3:16.

Gálatas 3:24 nos dice que la ley fue un ayo para guiarnos hacia Jesús. Cuando usamos la Ley tratando de hacernos justos, siempre fracasamos. Así que clamamos a Dios: "¡Señor! ¡Soy un pecador! No puedo guardar la Ley. ¿Hay otra manera de ser justo?".

La buena noticia es que hay otra manera. Ya en el Antiguo Testamento, Dios prometió que nos daría una nueva manera para ser justos: una manera que *funcionaba. Dios tenía un plan B.*

El plan B de Dios

Jeremías 23:5-6, que leímos al comienzo de este capítulo, promete que el Mesías nos proveerá un nuevo camino de justicia. Él será para nosotros *Jehová Tsidkenu. Él será nuestra justicia.* En Ezequiel 11:19-20 descubrimos cómo Dios llevará a cabo esto:

> Y les daré un corazón, y un espíritu nuevo pondré dentro de ellos; y quitaré el corazón de piedra de en medio de su carne, y les daré un corazón de carne, para que anden en mis ordenanzas, y guarden mis decretos y los cumplan, y me sean por pueblo, y yo sea a ellos por Dios.

En vez de una *ley externa*, Dios promete hacer un cambio *interno.* Promete colocar un *nuevo* espíritu dentro de nosotros. Ese espíritu nos inviste de poder para hacer lo que no habíamos podido hacer: vivir una vida justa.

¿Comprende lo que Dios está prometiendo? Dios dice: "Ustedes no tienen el poder para vivir una vida justa por guardar la Ley, así que aquí está el plan B: ¡Enviaré mi Espíritu para que viva dentro de ustedes, y Él producirá mi justicia en ustedes!". Toda la justicia de Dios se encuentra en el Espíritu Santo. El Espíritu de Dios tiene justicia perfecta.

Cuando usted confió en Jesús, Dios puso su Espíritu Santo en usted. Eso significa que toda la justicia de Dios vive en usted ahora mismo por medio del Espíritu Santo. Hay suficiente justicia en Él para hacernos justos a todos nosotros. Ahora usted tiene una nueva fuente de justicia. Tiene la *vida de Dios* viviendo dentro de usted.

No tiene que confiar en su propia capacidad para ser justo.

El secreto de una vida justa es permitir que el Espíritu Santo produzca su *fruto* en su vida. Gálatas 5 nos dice que cuando cedemos al Espíritu Santo, Él produce su fruto en nosotros. Ese fruto se identifica como:

1. Amor
2. Gozo
3. Paz
4. Paciencia
5. Benignidad
6. Bondad
7. Fe
8. Mansedumbre
9. Templanza

Esas nueve cualidades son una descripción del carácter de Jesús. Él es un equilibrio perfecto de amor, gozo, paz, paciencia, y todo lo demás. Esas nueve cualidades nos dan también una imagen de la perfecta justicia.

Si su vida se caracteriza por esas nueve cosas, ¡usted *es* justo! Cuando el Espíritu está manifestando su fruto en su vida, usted experimenta la perfecta justicia *aparte de la Ley*. Jesús enseñó que si usted sólo tuviera *amor* —el "primer" fruto del Espíritu— ya está cumpliendo todas las demandas de la ley. Por medio del Espíritu, Dios "¡escribe su ley en nuestros corazones!".

Romanos 8:1 nos dice que lo que la Ley *no podía hacer*, ¡Dios *lo hizo*! ¿Qué no podía hacer la Ley? No podía darnos poder para vivir una vida justa. Pero al poner su Espíritu Santo dentro de nosotros, Dios hizo lo que la ley no podía. "A fin de que las justas demandas de la ley se cumplieran en nosotros, que no vivimos según la naturaleza pecaminosa sino según el Espíritu" (Ro. 8:4, NVI). Me encanta la manera en que Romanos 7:6 resume esto. Nos dice que hemos sido *liberados de la* Ley. Somos liberados del plan A, para que podamos servir bajo el *régimen nuevo* del *Espíritu.* ¡Ese es el plan B!

Cuando muchas personas fracasan, están bajo la condenación de ese fracaso y nunca son liberadas del plan A. En realidad, muchas estructuras religiosas operan casi únicamente en el plan A y no tienen plan B implantado en su sistema de creencias.

La senda del legalismo

Otro problema es que muchos cristianos no *desean* una nueva forma de justicia. Muchos de nosotros somos lo suficientemente *religiosos* para desear ser justos en nuestro propia fuerza. ¡Queremos hacerlo por nosotros mismos! Queremos quedarnos en el plan A. Decimos: "Sé que aún no pude lograrlo, pero si intento un poco más, estoy seguro de que podré hacerlo". Cuando hacemos eso, estamos tomando la senda del *legalismo*. El legalismo dice:

- "¡Yo puedo disciplinarme para ser la clase de persona que la Ley describe!"
- "¡Yo puedo ser honesto, veraz y generoso!"
- "¡Yo puedo resistir la tentación de pecar y vivir una vida justa!"

Observe que cada una de esas oraciones ¡comienza con las palabras *Yo puedo*!

Tratar de mantenerse en el plan A significa que está confiando en su *yo* para que lo haga *justo*. El resultado es que usted no termina en la *justicia*. ¡Acaba en la *autojustificación*! Cuando usted toma el camino del legalismo, esto es lo que hace. Ve que su coraza tiene agujeros, así que encuentra una pila de viejos trapos sucios y trata de reparar su armadura envolviéndose en harapos. (Dios dice que la justicia humana —tratar de ser bueno en su propia fuerza— es como trapos sucios; ¡eso no funciona!)

¡Tratar de obtener la justicia por medio del esfuerzo propio nunca funciona! Hay al menos cuatro problemas con el plan A:

1. Usted no puede hacer que funcione. (*No* producirá justicia).

2. Lo que *sí* produce no agrada a Dios.

3. No engaña a Satanás. (Lo atacará).

4. No es divertido intentarlo.

Usted *no puede* volverse justo por medio del legalismo. Cuando cometemos un error, el enemigo de nuestra libertad y el adversario de la gracia nos dice: "No hay un plan B disponible". ¡Pero Dios…! "Porque por gracia sois salvos por medio de la fe; y esto no de vosotros, pues es don de Dios; no por obras, para que nadie se gloríe" (Ef. 2:8-9).

El legalismo dice: "Aquí están tus límites. Son muy angostos. Por lo tanto, nunca vas a poder dejarlos". Entonces nos encontramos confinados y sin esperanza en vez de movernos y tener vida en Él.

La parábola del manzano de José

En su enseñanza sobre la justicia, Robert Heidler compartió un ejemplo para mostrar que todo lo que el legalismo puede producir es una *imitación sin vida* de la justicia. A la distancia puede parecer bueno, pero no es real, y nunca producirá fruto en su vida.

> Mi imagen favorita del tratar de vivir una vida piadosa por el legalismo se encuentra en la historia del manzano de José. Un día, un hombre llamado José estaba mirando

> una revista y vio la imagen de un hermoso manzano. Se enamoró de él. Casi podía saborear esas jugosas manzanas.
>
> José pensó para sí: "¿Cómo puedo tener un árbol así en mi jardín?". Luego ¡tuvo una idea! Estudió la imagen de ese manzano, hizo cuidadosas mediciones, y realizó planos detallados. Fue a la maderera, compró un poco de madera fuerte, y construyó una armazón que semejaba el tronco y las ramas de un árbol. José entonces tomó su navaja multiuso y talló la madera para que pareciera la corteza de un manzano.
>
> Contrató un artista para pintar el tronco y las ramas para que semejaran los colores de un manzano. Luego compró muchas hojas de seda. Se subió a la escalera y pegó cuidadosamente cada hoja en su lugar. Finalmente fue al supermercado, compró las manzanas más frescas que pudo encontrar, y colgó cada manzana en su lugar con broches de árbol navideño. Cuando terminó, José retrocedió y comparó su árbol con el de la imagen. Como era muy hábil, su árbol era casi exactamente como el de la figura. José estaba orgulloso de su manzano.
>
> Había un solo problema. El manzano de José nunca produciría una manzana. Y las manzanas que colgó se pudrirían rápidamente y caerían al suelo. El árbol de José *parecía* un manzano, pero *no* era un manzano. Era sólo una imitación muerta de un manzano.

¡Eso es el legalismo! ¡Ese es el plan A! Usted ve la hermosura de la justicia, así que emplea su propio esfuerzo para producir algo que *luzca como* la justicia. Pero no es justicia; es sólo una imitación sin vida.

Hay otra forma de obtener un manzano para su jardín: Consigue una semilla viva. La planta en buena tierra. La nutre y riega, y le da tiempo para que crezca. Y la vida de esa semilla *producirá* su fruto.

La clave para ser justo es permitir que el Espíritu Santo de Dios viva y produzca su fruto en usted. Para caminar en justicia usted necesita al Espíritu Santo. Necesita la *vida* justa del Espíritu plantada en usted. Necesita alimentar, regar su obra en usted. No se impaciente. Déle tiempo para que se desarrolle. Y la vida del Espíritu *producirá* su fruto.

El secreto de la justicia es acercarse a Él. Al acercarnos a Él, Él produce el fruto del Espíritu en nosotros. El fruto no es algo que usted se esfuerza por producir. Crece automáticamente en la presencia de Dios. Al caminar en una relación diaria con Él, Él produce automáticamente su fruto. El resultado es una vida de justicia.

Temor de conducir

Ese día que Robert compartió, pensé: "¡Señor, si cada persona pudiera oír esto, podrían tener una oportunidad de ser libres y comenzar de nuevo desde su último error!". Robert también usó una analogía acerca de conducir para enseñar sobre la justicia:

> Cuando tenía dieciséis años, aprendí a conducir un automóvil. Mi papá me sacó a la ruta para practicar. Pero yo tenía mucho temor. Veía la cuneta junto a la ruta y tenía temor de que si no era muy cuidadoso, el auto podía salirse de la ruta y terminar allí. Así que tenía mucho cuidado de mantener mis ojos en el borde de la ruta. En realidad, alineaba un punto del capó del auto con la línea del borde de la ruta, y mantenía los ojos fijos allí para poder estar seguro de no me salirme del camino.
>
> El auto parecía tener una mente propia. Parecía *decidido* a cruzar esa línea y terminar en la cuneta. Conducir era una lucha constante para mantener el auto en la ruta. Asustaba tremendamente a mi papá. Finalmente, mi papá vio lo que yo estaba haciendo. Dijo: "No mires el

> borde de la ruta. Mantén tus ojos en mitad de ella. Mira adonde te diriges".
>
> Yo temía obedecerle. Si me había sido difícil mantenerme en la ruta cuando mis ojos estaban pegados al borde de ella, ¿qué sucedería si miraba a otro lado? ¡Si no miraba con cuidado para asegurarme de no salir de la ruta, de seguro acabaría en la cuneta! Finalmente, después de días de frustración, decidí seguir el consejo de mi papá. Con gran temor y consternación, quité mis ojos del borde de la ruta y me enfoqué adelante en mitad del camino.
>
> ¡Y sucedió un *milagro*! El auto de pronto aprendió a estar en la ruta. Ya no había más lucha. El auto permanecía *automáticamente* en el centro de su carril.

¿Puede ver el cuadro? El borde de la ruta es el límite que usted no quiere cruzar. Es la *ley*. Es bueno saber dónde está el límite. Pero si usted mantiene sus ojos fijos en él, lo transgredirá una y otra vez.

Robert enseñaba que el centro de la ruta es nuestra meta de justicia. Eso es Jesús. Si usted quita sus ojos del borde de la ruta y los pone en la meta, descubre algo asombroso: *automáticamente* ¡se mantiene dentro de los límites! Cuando quita sus ojos de la ley y los pone en Jesús, la lucha finaliza. Por medio del Espíritu Santo, Jesús produce su fruto de justicia en usted.

Hubo otro ejemplo de conducir que Robert usó para enseñar un punto más importante sobre la justicia. Compartió lo siguiente:

> Ahora, me conduje imprudentemente, ésa es otra historia. No tenía temor de conducir, así que cuando noté que no se habían quitado las llaves de la pick up de mi papá, salté adentro para conducirla. El verdadero problema en hacerlo era que yo no tenía idea de la potencia y el funcionamiento de la camioneta. Lo próximo que supe

> fue que había chocado contra un poste de teléfono, que daba a una de las rutas en la tierra que poseíamos.
>
> El temor me invadió. Había salido fuera de mis límites. Había una abolladura tal que no podía esconder el error. Todo lo que podía hacer era llorar. Corrí a casa, esperando lo peor, expliqué lo ocurrido, y pregunté: "¿Qué hago?".
>
> Mi papá tranquilamente (lo cual era muy raro) dijo: "Volveremos allá y entraremos en la camioneta. Escucharás con cuidado, y te diré cada movimiento que debes hacer, y ¡tú conducirás a casa!".
>
> Y dije: "¡Lo que pasa es que la destrozaré otra vez!".
>
> Él dijo: "Entonces darás marcha atrás y seguirás conduciendo".
>
> Nunca olvidaré esta lección. El temor podría haberme vencido. Mi papá podría haberme herido de modo que jamás habría aprendido a conducir con confianza. Pero en cambio, me mostró el plan B, y tuve éxito en conducir ese día.

Así que, ¡rechace el legalismo! Acérquese a Jesús, y comience a vivir en la libertad del Espíritu Santo. Gracias a Jesús que Él es *Jehová Tsidkenu.* Permítale ser el Señor, su justicia.

The Prodigal Comes Home (El pródigo vuelve a casa) es la autobiografía de Michael English, el increíble cantante de Gospel que tomó malas decisiones que hicieron descarrilar su éxito y casi arruinan su vida. En el libro, Bill Gaither escribió: "Todos somos peregrinos en proceso; no llegamos cuidadosamente empaquetados. Somos complejos y estamos torturados por nuestras mejores características gran parte del tiempo. Algunas debilidades de los artistas son menos obvias; otras son expuestas al nivel más alto posible. Pero la buena noticia del evangelio es que hay perdón para cada pecado y hay un futuro brillante para quienes se siguen levantando después de cada caída, pidiendo perdón, y comenzando un peregrinaje espiritual hacia la plenitud. Michael se siguió levantando. Y hoy, es un gozo ver a Dios redimiendo esos errores para su gloria. Para mí, no hay cosa mejor de la cual cantar. Y si alguien puede cantar de esa redención con autoridad, es mi amigo Michael English".[1] ¡Ése es el plan B!

Michael escribió lo siguiente en su libro:

> Este fue mi milagro: estar tan radicalmente fuera de curso por tantos años y luego, de pronto, estar otra vez en la ruta correcta con mi brújula señalando hacia Dios. Cuando comencé a conducir mi propia vida, como si Dios fuera como una especie de sistema de posicionamiento global que podía escoger seguir o ignorar, me volví hacia callejones sin salida y senderos oscuros, pensando que me llevarían a algún lado. Pensaba que había hecho bien en elegir mi propio camino que ya no necesitaba más a Dios. Lo había logrado, como el GPS de mi auto me dice a veces, "fuera de mi ruta especificada". Pero finalmente llegué a un lugar en que supe que necesitaba ayuda. Estaba tan perdido que no podía encontrar el camino a casa...
>
> Lo más asombroso es que Dios me encauzó en el camino sin condenación. Sí, todavía tengo pesares, muchos. Pero después de redirigir la brújula de mi vida hacia Él, no importaría que las otras rutas de mi vida fueran más derechas o que me condujeran allí más rápido. Lo que importaba era que finalmente *—finalmente—* después de años de revolcarme con los cerdos, había vuelto a casa.
>
> Y mientras trabajaba para ordenar mi vida, parecía que Dios me abría los depósitos del cielo y derramaba lluvias de bendición sobre mí. Cada regalo, sin importar cuán pequeño fuera, parecía otro anillo, otra túnica, otro becerro engordado dado a mí por mi Padre celestial,

> quien deseaba volver a darme una gozosa bienvenida a su casa. La vida me había ido tan mal por tanto tiempo que cuando las cosas comenzaron a mejorar, no daba nada por sentado. Aunque probablemente mis días habrían parecido bastante normales desde la perspectiva de la mayoría de la gente, me deleitaba durante días con cada diminuta bendición de modo que me sentía como si me moviera de cima en cima y de nube en nube. Cuando despertaba cada mañana fuerte y sobrio en mi apartamento, era feliz como si hubiera despertado en un centro turístico cinco estrellas. Comer un Egg McMuffin en un servicio al coche era como cenar huevos benedictinos en el Ritz. Cantar en una pequeña iglesia rural era como cantar en el Carnegie Hall.[2]

Ese es el plan B. Dios, nuestro Creador, sabía que tenía que haber un plan B porque nosotros arruinaríamos el plan A. Su plan B es costoso. El plan B no es una gracia barata que nos permite elegir libremente y pecar sin consecuencias, sino que es un plan de gracia. Este plan dice: "Has nacido en un desorden. No puedes salir de ese desorden por ti mismo, pero he dado un sacrificio, mi Hijo, por tu desorden. Él sufrió grandemente por tus sufrimientos. Él llevó los golpes de lo que tú hiciste ilegalmente. Él llevó tu cruz cuando estabas demasiado quebrantado para llevar tu propia carga. Él llevó los azotes de la enfermedad debilitante que ha atormentado tu cuerpo. Él derramó su sangre para redimir tu libertad".

Él es el plan B. Elija el amor de este plan, y vea cómo su vida y su camino dan un giro. Quizá el camino no sea fácil para usted mientras encuentra la salida para su desorden particular, pero se moverá en una senda que brillará cada día. Este plan es el plan que lo hará *nuevo.* ¡Elíjalo en este día!

> Porque lo que era imposible para la ley, por cuanto era débil por la carne, Dios, enviando a su Hijo en semejanza de carne de pecado y a causa del pecado, condenó al pecado en la carne.
>
> —Romanos 8:3

En su encarnación, Cristo fue como nosotros en todo, excepto que nunca pecó. "Por lo cual debía ser en todo semejante a sus hermanos, para venir a ser misericordioso y fiel sumo sacerdote en lo que a Dios se refiere, para expiar los pecados del pueblo" (He. 2:17). Para identificarse con nosotros Él "no estimó el ser igual a Dios como cosa a que aferrarse, sino que se despojó a sí mismo, tomando forma de siervo, hecho semejante a los hombres; y estando en la condición de hombre, se humilló a sí mismo, haciéndose obediente hasta la muerte, y muerte de cruz" (Fil. 2:6-8). "Porque no tenemos un sumo sacerdote que no pueda compadecerse de nuestras debilidades, sino uno que fue tentado en todo según nuestra semejanza, pero sin pecado" (He. 4:15).

¿Percibe usted lo nuevo?

"¡Voy a hacer algo nuevo!... ¿no se dan cuenta?" (Is. 43:19, nvi). Dios usó al profeta Isaías para hacer esta pregunta. En otras palabras, el Señor podría estar haciendo algo ante sus ojos, y sin embargo sus sentidos podrían no percibir aquello por lo que ha estado esperando y velando si su actitud, alineamiento, o aptitud no están totalmente en orden.

En medio de nuestra confusión, dolor, cambio, pena, desolación, desesperación y muerte, debemos ser lo suficientemente perceptivos para reconocerlo como nuestra ayuda siempre presente en tiempos de prueba. En su problema, ¿puede percibir correctamente la voluntad de Dios? ¿Puede su espíritu abrirse una vez más a una nueva corriente de vida y mantenerse renovado, pleno y poderoso? Usted debe percibir correctamente cuándo comienza lo nuevo.

La percepción emplea todos los sentidos: vista, tacto, olfato, oído y gusto. Los sentidos están involucrados en la comunicación. *Percibir* es un acto de aprehender, comprender, o tomar conciencia de la realidad de algo que ha invadido su atmósfera. Después del trauma de la crucifixión y la muerte del Señor, los discípulos en el camino a Emaús, en Lucas 24, no podían percibir correctamente que el visitante que estaba con ellos era el propio Señor. Sin embargo, una vez que participaron de la comunión en la cena sus ojos fueron abiertos.

El poder de nuestra comunión mantiene nuestra conciencia —el ojo de nuestra alma y la ventana del espíritu— clara para que podamos ver y percibir adecuadamente. Después de la resurrección de Cristo, los discípulos no lo percibían, pero María lo conoció desde el momento en que el Señor le habló en el huerto. A ella le parecía que era un jardinero del exterior de la tumba. Aunque su forma era diferente, ella pudo oír su voz ¡e inmediatamente supo que era el Señor! Ella pudo percibirlo porque había sido liberada, conocía plenamente su gracia, y recordaba sus palabras. Lo que hizo que María conociera al Señor fue que una vez que ella comenzó a seguirlo, nunca miró atrás. Sus ovejas conocen su voz, y si lo siguen, Él las guía a toda justicia. En cada encrucijada de decisión usted puede tomar el camino correcto.

En alas de fe, miramos nuestro pasado desde la perspectiva de Dios. Su vista es panorámica, y abarca todo lo que fue, es y será. Desde esa posición estratégica, ahora podemos ver cómo hasta nuestros fracasos encajan en los planes y propósitos de Dios para nuestra vida. El anhelo de poder "hacerlo de nuevo" se convierte en la certeza de que Dios estaba, está y siempre estará al control de nuestra línea de tiempo, sin importar cuántas veces fracasemos en alcanzar el estándar establecido por su Hijo. Si buscamos primero su reino y nos esforzamos hacia la marca que Dios ha puesto ante nosotros, nuestros fracasos pueden servir a su propósito en nuestra vida.

Me gusta el versículo anterior de 1 Corintios 10:13 en la versión La Biblia al Día, Nuevo Testamento (BADNT)[a]: "Muchísimos han pasado exactamente por los mismos problemas. Ninguna tentación es irresistible. Puedes estar confiado en la fidelidad de Dios, que no dejará que la tentación sea más fuerte de lo que puedes resistir; Dios lo prometió y jamás falta a su palabra. Ya verás que te muestra la manera de escapar de la tentación, para que puedas resistirla con paciencia". ¡Cuando el plan A se estropea, existe un plan B o una Senda B donde usted puede caminar hacia la redención!

Nota a la traducción:

a. En el original el autor cita la Good News Translation, que expresa: "Every test that you have experienced is the kind that normally comes to people. But God keeps his promise, and he will not allow you to be tested beyond your power to remain firm; at the time you are put to the test, he will give you the strength to endure it, and so provide you with a way out".

CAPÍTULO 6

USTED PUEDE REDIMIR TODO LO QUE QUEDÓ ATRÁS

Cuando usted da un paso equivocado, queda atrapado cayendo en una tentación de su enemigo, es inducido por ignorancia fuera del perfecto camino de Dios, o incluso deliberadamente decide tomar un camino de vida que lleva a la destrucción, hay una vía de escape. Esto no significa que usted olvidará todo el daño o confusión que entró a su vida durante el tiempo de su desvío. Pero si sobrevive y aprende de su etapa de extravío, usted puede usar esa revelación para superar el plan del enemigo en la vida de otros. En cuanto usted vuelve a empezar, realmente puede usar su experiencia para vencer. Su corazón puede ser limpiado, su espíritu renovado, y reiniciado el reloj de su destino. El plan redentor de Dios se activa, y la línea del horizonte de su futuro vuelve a hacerse visible.

Creo que muchos de los que fueron un desastre en el pasado serán la reserva triunfante en el futuro. En el capítulo 3 escribí sobre una visión que me fue dada sobre la reserva triunfante que surgiría en los días por venir. La mayoría de esas personas eran las que se habían levantado y caído, y vuelto a levantar y vuelto a caer, y ahora habían sido etiquetadas de "triunfantes" al ponerse de pie una vez más. Cada una había tomado la decisión de seguir a Dios sin importar el coste. Ahora el Señor podía usarlos para que estén constantemente de pie y representen el plan de su reino en la tierra. Muchos estaban listos para usar y están siendo usados mientras avanzamos con fuerza hacia la próxima temporada de cosecha. Muchos eran "*de la segunda oportunidad*", que conocían el poder de la asombrosa gracia.

Triunfar es obtener la victoria o ser vencedor en la conquista. El triunfo trae una emoción distinta para los hijos de Dios. En el triunfo, uno expresa placer o júbilo porque alguien ha prosperado, tenido éxito y florecido. Una manera fácil de comprender el triunfo es pensar en una carta jugada que supera a todas las otras (como *matar* con un triunfo y ganar una mano o palo).

Una *reserva* es lo que se guarda para uso futuro o no se emplea actualmente a fin de ser usado para otro propósito. Una reserva también puede ser algo que se ha mantenido en la mente sin ser revelado y que se revela ahora.

Las tribus de Israel fueron tratadas como ejércitos (Éx. 6:26). Cada una tenía un orden y asignación definidos. Hoy, muchos de nosotros nos sentimos perturbados porque no estamos correctamente ubicados. Sin embargo, en cuanto nos alineamos apropiadamente, nos encontramos en formación para la victoria. Como con los Macabeos de antaño, el Espíritu del Señor está levantando un grupo (tribus) cuyo aceite y unción durarán. Este grupo sabe cómo esperar y resistir al enemigo. Él ungirá a este grupo con aceite fresco cuando usen los recursos que les fueron dados. Llegarán a ser soldados que avancen constantemente, vencedores.

Mucha de esta reserva estuvo una vez fuera de sincronía con Dios pero ahora se ha refinado para un tiempo como éste. Estos se sobrepusieron a sus impedimentos y eligieron dejar atrás mezquinas ofensas. Cada uno ha atravesado una dificultosa transición. Son soldados rectos que están firmes y sueltan diferentes tipos de oraciones en la tierra. Tienen sus corazones reformados. ¡Saben cómo airarse y no pecar! Su conciencia está limpia, y se han vuelto audaces. Pueden subir y entrar audazmente a la sala del trono de la gracia, obtener una nueva visión, y preparar el terreno para que los sigan muchos. Su sangre ha sido cambiada por la de Él. No temen a la muerte. Están energizados por su Espíritu. Este grupo saltará de lugar alto a lugar alto y permanecerá siempre en su puesto. ¡Que la reserva triunfante pueda alinearse y surgir en esta hora! Dios nos está haciendo salir y convirtiéndonos en una milicia santa. Dios está preparando a sus tropas para una tremenda victoria.

Los ABC del triunfo

Encuentro que el Espíritu de Dios es muy práctico. Recientemente me compartió: "De modo simple, ayuda a mi pueblo a convertirse en triunfadores."

Así que dije: "Señor, dime los ABC para ser triunfador."

Actitud

Su actitud es un indicador de sus emociones. El modo como usted reacciona y actúa respecto al Señor hace que se vea una actitud de fe o de incredulidad. La incredulidad puede manifestarse en disgusto, impaciencia, crítica, murmuración o queja. Encuentro que generalmente la actitud está relacionada con una elección personal. Lo que usted elige determina su actitud. Si su actitud es equivocada, su percepción resultará distorsionada. Por lo tanto, los frutos de sus labores no serán vistas del modo apropiado. La posición de la mente y el corazón de una persona en un tiempo de dificultades los preservará. Su actitud debe ser siempre probar y ver que el Señor es *bueno.*

Alineamiento

La actitud está conectada con la postura. Cómo se manifiesta su actitud es parte de su alineamiento. Postura y actitud están relacionadas, entonces, con su posicionamiento. La palabra *alineamiento* está ligada al concepto de salirse de lugar respecto al orden de Dios para su futuro. Cuando un hueso está fuera de lugar o fracturado, un médico debe lograr que ese hueso quede en su lugar para que el miembro trabaje apropiadamente. Ése es el concepto de alineamiento. Dios tiene un orden. Hasta que la cuerda de la plomada no está establecida correctamente y el ajuste de todos los componentes queda en orden, no estamos apropiadamente alineados. En cuanto esto sucede, el orden de Dios se manifiesta. Entonces triunfamos. Hay un montón que siguen estando *fuera de lugar.*

Aptitud y ajuste analítico

Actitud, postura y alineamiento se relacionan con la aptitud. La aptitud se relaciona con el propósito y produce el efecto que es necesario para prosperar. Cómo usted puede rápidamente comprender, algo está conectado con su actitud. Usted no tiene que ser el niño más inteligente de la manzana para tener la mayor aptitud. Por otro lado, usted puede tener gran aptitud pero no completarla nunca con el alineamiento, o puede tener una actitud mezquina y no adaptarse nunca para ganar la guerra. Parte del ganar no consiste solamente en comprender cuál es la destreza necesaria y saber cómo jugar el partido, sino también en tener la disposición para hacer ajustes rápidos contra su enemigo. La parte analítica conectada con la actitud y el alineamiento hace que usted siempre comprenda el primer principio y se ajuste rápidamente a la orden de Dios. Usted puede separar fácilmente los componentes en partes y luego ver el todo reconstruido por fe. Cuando usted se adapta apropiadamente, todos los componentes encajan con exactitud. Todos los cilindros empiezan a transmitir el impulso nervioso, y el vehículo para la victoria avanza con facilidad.

Límites y fronteras (comprender sus límites)

Las líneas divisorias designan un límite. Sin tener un límite, usted no puede comprender su porción. Sin comprender su porción, no puede obtener su herencia. Las promesas siempre tienen límites. Usted debe saber que las líneas invisibles de su autoridad tienen victoria dentro de su territorio o esfera de operación. El Espíritu de

Dios quiere llevarnos a los verdaderos límites de la capacidad que nos fue destinada. En ese momento, siempre podemos permitirle que se haga cargo y se mueva desde una dimensión sobrenatural dentro de nuestros límites.

Confianza (la mentalidad para superar y derrocar la desconfianza y la sospecha)

Lo opuesto a la confianza es la desconfianza. Por lo tanto, usted debe comprender el desarrollo de los componentes que producen su nivel de confianza. La confianza está conectada con la fe. Sin fe es imposible agradar a Dios. El modo en que usted desarrolla su conjunto de valores de verdad crea su sistema de creencias. La confianza incluye el poder de nuestros sentidos tanto como las verdades concretas que hemos probado. La confianza está ligada con la persuasión. Su confianza está conectada con un objeto que usted estima. La confianza está conectada con el poder. El poder está conectado con la capacidad de vencer. Sus creencias pueden crear movimientos revolucionarios en la tierra.

Bendiciones de linaje

El concepto de linaje está conectado con una línea de descendencia directa. Lo que produjo su ADN está conectado con su poder para vencer. Estructuras de iniquidad que lo desvían del propósito de Dios entran en su torrente sanguíneo para debilitar su capacidad de experimentar sus bendiciones. Una persona que triunfa cambia y purifica su sangre y adquiere poder a través de sus creencias para llegar a ser un hijo (género incluido). Un hijo o hija tienen derecho a una herencia.

Creatividad

Tener poder para hacer valer una fuerza para producir algo de nada es creatividad. Tomar una forma y cambiarla en algo mucho más favorable es creatividad. Tomar diferentes formas de materia y combinarlas y crear una nueva cualidad constitucional está conectado con la creatividad. Reestructurar y organizar es ser creativo. Nuevas combinaciones, caracteres y propiedades, juntos, constituyen lo *nuevo*.

Astuto (más sagaz que el enemigo)

Uno de los problemas que el pueblo de Dios tiene es la capacidad de ser más sagaz que las tinieblas. Nuestra relación de pacto nos permite *burlar al enemigo*. Para ser triunfador, usted debe comprender el poder de realizar movimientos estratégicos. Usted debe mantenerse delante del enemigo. Cuando el rey Saúl estaba amenazando la vida de David, leemos que David lo eludió (1 S 18:11). Cuando lo viejo lo siguió persiguiendo para impedir lo nuevo, él siempre hizo el movimiento correcto en el tiempo oportuno para seguir siendo triunfador.

Confrontador

¿Qué palabra le dará usted al enemigo que se opone a sus bendiciones? Jesús fue llevado al desierto por el Espíritu. Allí, tuvo que recibir la Palabra para responder al poder tentador de Satanás. La confrontación es el acto de poner juntas dos fuerzas para que la verdad sea descubierta y prevalezca. Muchos de nosotros no disfrutamos confrontar. Sin embargo, para ser triunfadores, la confrontación es necesaria.

Los vencedores de Dios

¡Dios está reuniendo un grupo disperso, traumatizado, liberado y redimido de vencedores! Hay algunas cosas de las que tengo absoluta certeza. Estas verdades están tan profundamente desarrolladas dentro de mí que el enemigo no me las puede robar. La oferta de redención de un Dios santo es una *cosa segura*. Esta redención, que incluye también nuestra salvación, fue comprada a un gran costo personal. El Señor Jesús se dio a Sí mismo para deshacer las obras del enemigo y vencer el poder del pecado, la muerte, y la tumba. Su obediencia nos liberó de una eternidad separada de la gloria de Dios. Nuestro perdón está basado en el precio de su sangre derramada.

"En quien tenemos redención por su sangre, el perdón de pecados según las riquezas de su gracia" (Ef. 1:7). La obra redentora de Jesucristo libera a los creyentes de la esclavitud al pecado. El significado de la redención a través de la muerte de Cristo y su sacrificio por nuestro pecado es que pagó un rescate o el precio para liberarnos de la sentencia de muerte en la cárcel. Su sangre fue el pago del rescate (Ef 2:13; 1 P 1:18-19). Su muerte equilibró la balanza de la justicia de Dios. Esto satisfizo al Padre respecto a la humanidad y permitió volver a empezar, de modo que sus bendiciones y el propósito que tuvo para la humanidad en el huerto pudieran ser reiniciados y llegaran a su plenitud (Ro 3:24-25). Para experimentar esto en su vida, usted debe:

1. *Arrepentirse.* Cambie su mente y haga cuantos cambios sean necesarios para seguir avanzando.

2. Recibir *misericordia* para superar cualquier fracaso o culpa que lo haya mantenido cautivo en la última época de su vida.

3. *Perdonarse* a sí mismo por los errores cometidos, y soltar a cualquiera que lo haya lastimado. Esa liberación le dará a usted libertad para avanzar.

4. *Quebrar* la maldición y el ciclo de sus becerros de oro. Éstos se desarrollaron en su vida cuando usted no estaba dispuesto a depender de los planes y límites de Dios. Muy probablemente usted escogió una manera de adorar diferente durante ese tiempo. Sí, usted adoraba, pero su expresión tenía alguna forma de idolatría.

5. Romper el poder del pecado de *incredulidad* que hizo que usted se desviara del destino prometido que sabe que el Señor se había propuesto para su vida. Llamo a esto el "pecado de los espías." Ellos entraron, examinaron su promesa, y luego se negaron a ir a la guerra para recibir la bendición. En su proceso de miedo e incredulidad, difamaron la voluntad de Dios para sus vidas y recibieron un reproche. Remueva cualquier reproche de las derrotas anteriores.

6. *Prepararse* para ascender al trono después de haberse humillado. Esto le permitirá adquirir nueva revelación y adorar de una manera nueva.

7. *Recibir* la bandera para su futuro. La bandera de Dios sobre usted es amor. Deje que Jehová Nisi se ponga de pie, y sígalo hasta un nuevo lugar de victoria y de triunfo.

Usted puede tener una segunda oportunidad

Como Adán y Eva decidieron escuchar la voz del enemigo, a través de toda la Escritura al hombre se le ofrece una manera de reiniciar su reloj y volver al tiempo de la libertad de Dios. Dios (quien no está en el tiempo) siempre ha ofrecido al hombre (quien está en el tiempo), un plan B para reconectarse con Él, reordenar sus pasos, y reingresar en el sendero de la plenitud. Usted podría llamar a la Biblia, *La guía para una segunda oportunidad*. Ya he mencionado a Simón Pedro en el Capítulo 2. Él parecía ser el *prototipo* de lo que es ganar una segunda oportunidad después de cometer errores. Sin embargo, más abajo damos varios otros ejemplos de hombres y mujeres que volvieron a empezar.

1. *Moisés*, elegido para sacar al pueblo de Egipto, era un asesino fugitivo (Ex 2:11-12). Éste no fue su único problema. Permitió que las personas sobre quienes había sido puesto como administrador hicieran que él se enfadara y pecara. Explotó en una pataleta (Ex 32:19). Desobedeció directamente a Dios al usar el patrón de una oportunidad anterior para intentar satisfacer las necesidades del pueblo en una ocasión diferente (Num. 20:8-12).

2. *El rey David*, un hombre de fe con un corazón seguidor del Señor, cometió grandes errores. Tuvo una aventura amorosa (2 S 11:4) y desarrolló un plan para asesinar al marido de la mujer (vv. 15-17). Esto no le impidió a Dios usarlo para guiar a la nación.

   Creo que la clave de la vida de David era ser un adorador. Por lo tanto, conocía la presencia de Dios. Su corazón siempre tenía a Dios como centro de su vida y la vida de la nación. Cuando intentó trasladar el arca usando un método ilegal, Dios lo castigó matando ante sus ojos a uno de sus hombres más poderosos. El Señor creó entonces un espacio de tres meses hasta que David pudo reagruparse, buscarlo a Él, y encontrar el método de Dios. Escribió muchos de los salmos, preparó la construcción del templo, y está en el linaje del Mesías. El espíritu contrito y humillado de David está registrado en el salmo 51, y Dios lo llama después un hombre conforme a su corazón, en Hechos 13:22.

   Su mayor error ocurrió en una época de guerra, cuando decidió censar al pueblo. Esto no hubiera sido un problema si su motivo hubiera sido puro. Pero su motivo fue depender de la fuerza natural de su ejército y desconectarse de los ejércitos del cielo (1 Cr 21).

3. *Elías* era un hombre como nosotros, con pasiones y emociones que podían desviarse. Resistió al enemigo apasionadamente durante tres años y medio. Sin embargo, estando a punto de ganar una victoria final para cambiar una nación entera, la amenaza de una mujer poderosa, Jezabel, lo hizo sentirse inseguro y huir. Dios lo buscó en la cueva donde se escondía. Dios lo encontrará a usted en la cueva donde estaba escondido. Sí, Israel sufrió durante un tiempo. Sin embargo, Dios tenía un plan definitivo de victoria. Eliseo era su reserva triunfante, que trabajaba en el campo de su padre. Dios lo llamó al servicio para terminar el postergado proceso de Elías.

4. *La mujer atrapada en adulterio* (Juan 8) es clave de todo nuestro conocimiento. Ningún nombre le es dado a esta mujer, más bien, sólo es un principio para cada uno de nosotros. De acuerdo con la ley judía, este pecado era punible con la lapidación. Jesús en realidad desafió el doble estándar de la ley y frenó la estructura religiosa hipócrita por la cual jóvenes y ancianos le señalaban a ella su pecado. En realidad, creo que cuando se agachó a escribir en la arena escribió las leyes que habían violado, llamando la atención, por lo tanto, a su propia anarquía. Después que los acusadores partieron, Jesús perdonó a la mujer y le ordenó que se fuera. Y mientras se iba, le dijo: "Tu nuevo día ha llegado así que no peques más; no regreses a tu viejo estilo de vida".

5. *El hombre que tenía una relación ilícita con su madrastra* (1 Co 5:1, 11) encontró sin embargo una salida. Pablo ordenó a la iglesia que interrumpiera la comunión con él hasta que se arrepintiese. Pero cuando se arrepintió, Pablo les dijo que lo volvieran a recibir en la familia de la iglesia y lo restauraran (2 Co 2:6-11). También les compartió que el perdón arruina todos los planes del enemigo. A este hombre le fue dada una segunda oportunidad, y la ventaja de Satanás sobre el grupo fue quebrada.

6. *En la parábola del hijo pródigo* (Lucas 15:11—32), el hijo gastó su herencia en fiestas y prostitutas. Cuando tocó fondo, se arrepintió y regresó a su padre. El padre le dio la bienvenida a su hijo y celebró su regreso aunque había perdido su herencia. Había sido deshonrado teniendo que comer con los cerdos. Probablemente había adquirido incontables cicatrices en su vida de rebeldía. Sin embargo, no había perdido el amor del Padre. El padre dio a su hijo una segunda oportunidad de libertad y de familia. Esta historia es interesante porque el hermano mayor no quería darle otra oportunidad de vida o de familia.

¡Hmmm! ¿Será acaso que nosotros ponemos sobre los hijos de Dios mucho más peso del que Él pone?

7. A *Jonás*, una de las figuras de la Biblia más conocidas en todo el mundo, el Señor le ordenó hacer una tarea. La tarea no le gustaba, así que en cambio hizo lo que él quería. En realidad, se subió a un barco diferente para ir a un destino diferente. ¿Cuántas veces decidimos subirnos a un barco diferente cuando Dios ha

ordenado el barco de la obediencia que nos llevará a nuestro destino? Pero, "La palabra del Señor vino por segunda vez a Jonás" (Jon. 3:1, NVI). Por supuesto, esto fue después de que él estuvo en la barriga de un pez durante tres días. Muchas veces tenemos que sufrir severas situaciones antes de que escuchemos la voz de Dios y aceptemos su llamado supremo para nuestras vidas. Al fin Jonás obedeció a Dios. No puedo decir que lo hizo con gran júbilo, pero obedeció. El resultado fue que una ciudad entera tuvo otra oportunidad para ser libre. Uno de los mayores misterios en la vida es por qué Dios depende de nosotros para cumplir su voluntad en la tierra.

8. *Ezequías*. "Por aquellos días Ezequías se enfermó gravemente y estuvo a punto de morir" (2 Reyes 20:1, NVI). A veces la enfermedad debe entrar en nuestras vidas para que el Señor obtenga nuestra atención a fin de abrirle paso a nuestra siguiente oportunidad. Isaías fue hacia el rey Ezequías y le dijo: "Por lo tanto, el Señor dice: "Pon tu casa en orden, porque vas a morir; no te recuperarás". Ezequías volvió el rostro hacia la pared y le rogó al Señor: "Recuerda, Señor, que yo me he conducido delante de ti con lealtad y con un corazón íntegro, y que he hecho lo que te agrada." Y Ezequías lloró amargamente. No había salido Isaías del patio central, cuando le llegó la palabra del Señor: "Regresa y dile a Ezequías, gobernante de mi pueblo, que así dice el Señor, Dios de su antepasado David: He escuchado tu oración y he visto tus lágrimas. Voy a sanarte, y en tres días podrás subir al templo del Señor. Voy a darte quince años más de vida. Y a ti y a esta ciudad los libraré de caer en manos del rey

de Asiria. Yo defenderé esta ciudad por mi causa y por consideración a David mi siervo"." (vv. 1-6). Este es uno de los mejores ejemplos de una profecía que pronuncia un determinado resultado en un día y, después que la persona cambia para aceptar al Señor, el profeta recibe una nueva profecía que establece los límites de la siguiente oportunidad.

9. *Manasés* fue un pecador malvado muy interesante. En realidad, el Señor lo pone en la categoría especial del que "ha hecho más mal" que otros. Sin embargo, hay un camino de arrepentimiento que lleva a la redención. "Por lo cual Jehová trajo contra ellos los generales del ejército del rey de los asirios, los cuales aprisionaron con grillos a Manasés, y atado con cadenas lo llevaron a Babilonia. Mas luego que fue puesto en angustias, oró a Jehová su Dios, humillado grandemente en la presencia del Dios de sus padres. Y habiendo orado a él, fue atendido; pues Dios oyó su oración, y lo restauró a Jerusalén, a su reino. Entonces reconoció Manasés que Jehová era Dios. Después de esto edificó el muro exterior de la ciudad de David, al occidente de Gihón, en el valle, a la entrada de la puerta del Pescado, y amuralló Ofel, y elevó el muro muy alto; y puso capitanes de ejército en todas las ciudades fortificadas de Judá. Asimismo quitó los dioses ajenos, y el ídolo de la casa de Jehová, y todos los altares que había edificado en el monte de la casa de Jehová y en Jerusalén, y los echó fuera de la ciudad. Reparó luego el altar de Jehová, y sacrificó sobre él sacrificios de ofrenda de paz y de alabanza; y mandó a Judá que sirviesen a Jehová Dios de Israel" (2 Cr 33:11–16, NVI). ¡La cárcel puede obrar una segunda oportunidad!

10. *La higuera* es una clave para comprender la segunda oportunidad. Jesús narró esta parábola: "Tenía un hombre una higuera plantada en su viña, y vino a buscar fruto en ella, y no lo halló. Y dijo al viñador: He aquí, hace tres años que vengo a buscar fruto en esta higuera, y no lo hallo; córtala; ¿para qué inutiliza también la tierra? El entonces, respondiendo, le dijo: Señor, déjala todavía este año, hasta que yo cave alrededor de ella, y la abone. Y si diere fruto, bien; y si no, la cortarás después" (Lucas 13:6–9). En otras palabras, Dios no lo corta hasta saber que usted nunca llevará ningún fruto. Es muy paciente para llevarlo a través de un margen de tiempo (en este caso, tres años) para volver a hacerlo productivo, aún cuando usted alguna vez haya escogido la ruta de la aridez.

11. *Pablo* tuvo un completo cambio de identidad. En Hechos 9, Pablo (entonces Saulo) está persiguiendo ferozmente a la iglesia. Él es brillante. Es abogado. Es *anti* el nuevo movimiento. ¡Pero Dios! Lo siguiente que sabemos de él es que está de bruces, ciego, y que el Espíritu de Dios le está organizando una visita y una confrontación que hará que su identidad cambie tan drásticamente que se convierte en el líder del nuevo movimiento. Esto nos da una extraordinaria esperanza de que algunos que son tan religiosos en una época puedan hacer un cambio en otra época.

12. *Las iglesias de Apocalipsis* son una de nuestras mayores claves. He aquí siete iglesias de una región: algunas buenas, algunas malas. El Señor elogia a cada una por lo que ha hecho bien en el pasado. También señala sus defectos. Dos de las iglesias no tenían

ninguno. Entonces les da la instrucción que en cada caso es necesaria para que progrese en su próxima etapa. Dice: "Si oyes lo que el Espíritu está diciendo, ¡vencerás!". En otras palabras, siempre hay un plan para vencer al enemigo y triunfar en el Señor. Debemos recordar siempre que una clave es nuestra decisión de oír lo que el Espíritu está diciendo hoy. He visitado los lugares históricos de todas estas iglesias. Parecería que decidieron no seguir escuchando al Espíritu.

No desperdicie una segunda oportunidad

Creo que cada individuo, territorio, iglesia y nación tienen el tipo de oportunidad que puse en una lista con las siete iglesias. En mi libro *God's Unfolding Battle Plan* (Desplegando el plan de batalla de Dios), escribí sobre los siete candeleros y respondí a la pregunta: "¿Está encendido su candelero?".[1] Debemos mantener encendido el fuego de nuestra pasión. Lea estos dos pasajes que hablan de la pasión:

> [Los falsos maestros] les prometen libertad, y son ellos mismos esclavos de corrupción. Porque el que es vencido por alguno es hecho esclavo del que lo venció. Ciertamente, si habiéndose ellos escapado de las contaminaciones del mundo, por el conocimiento del Señor y Salvador Jesucristo, enredándose otra vez en ellas son vencidos, su postrer estado viene a ser peor que el primero. Porque mejor les hubiera sido no haber conocido el camino de la justicia, que después de haberlo conocido, volverse atrás del santo mandamiento que les fue dado. Pero les ha acontecido lo del verdadero proverbio: El perro vuelve a su vómito, y la puerca lavada a revolcarse en el cieno.
>
> —2 Pedro 2:19–22

> Porque es imposible que los que una vez fueron iluminados y gustaron del don celestial, y fueron hechos partícipes del Espíritu Santo, y asimismo gustaron de la buena palabra de Dios y los poderes del siglo venidero, y recayeron, sean otra vez renovados para arrepentimiento, crucificando de nuevo para sí mismos al Hijo de Dios y exponiéndole a vituperio. Porque la tierra que bebe la lluvia que muchas veces cae sobre ella, y produce hierba provechosa a aquellos por los cuales es labrada, recibe bendición de Dios; pero la que produce espinos y abrojos es reprobada, está próxima a ser maldecida, y su fin es el ser quemada.
>
> —Hebreos 6:4–8

Una vez que la gracia de Dios viene a usted para encontrar la manera de sacarlo de su enredo, ¡encuentre su salida, salga y no vuelva atrás!

Usted puede ser nuevo o nacer de nuevo

El segundo nacimiento o *nacer de nuevo* es una segunda oportunidad que cada uno debe escoger. La palabra griega usada es llegar a ser "nuevo." En la historia de Jesús y Nicodemo, la palabra puede significar ser "nacido de arriba". Juan habla de nuestro nuevo nacimiento viniendo desde el punto de origen de nuestro Creador, Dios (Juan 1:13; 1 Juan 2:29; 3:9; 4:7; 5:18). Jesús dijo: "Yo te aseguro que quien no nazca de agua y del Espíritu, no puede entrar en el reino de Dios. Lo que nace del cuerpo es cuerpo; lo que nace del Espíritu es espíritu" (Juan 3:5–6, NIV). Jesús está hablando de un "nuevo nacimiento."

La *regeneración* o *nuevo nacimiento* es clave para comprender el poder de la redención y de redimir el tiempo. *Regeneración* significa "restaurar todas las cosas". Esto ocurre cuando Dios toma dominio sobre todo y todas las cosas son puestas en sujeción "bajo sus pies". Muchas veces eso incluye hacer las elecciones correctas para representar sus propósitos en la tierra. Es por esto que el tiempo juega un papel tan importante. En una generación, podemos dejar de lado la esencia del plan de regeneración de Dios, y entonces su voluntad es aplazada hasta otra generación que se proponga llegar a ser "nueva". La regeneración está ligada a:

Un periodo de tiempo
Regresar a la tierra natal
La espiritualidad de la humanidad
La renovación y la limpieza de nuestras promesas espirituales
Una circuncisión del corazón
El aliento del Espíritu Santo
Un cambio en nuestra condición perdida
Una renovación en el conocimiento de Dios y de su Cristo
El concepto de pureza
La manifestación y demostración de nuestra fe

La redención: una ley para cubrir al pueblo y la tierra

Uno de los más hermosos pasajes relacionados con la redención se encuentra en el libro de Rut. Esta historia de Noemí, Rut, Booz y Obed es atemporal. El libro de Rut es una historia que trata del regreso y la redención de Noemí. La historia se inicia con Noemí, cuya familia tenía gran riqueza y herencia, viviendo en Belén. La hambruna empieza a avanzar en la ciudad de Belén, el lugar del pan. No sabiendo qué hacer, la familia entera salió de esa región, dejando atrás su herencia, y se fue a Moab. Los dos hijos de Noemí se casaron en la nueva tierra y después murieron allí. El marido de Noemí también se murió allí. Hambruna, muerte y desolación hicieron que toda esperanza de herencia se perdiera. Noemí dejó Belén adinerada pero regresó empobrecida. No tenía absolutamente nada sino dos nueras, una de las cuales era Rut. Noemí había perdido su herencia; Rut había perdido a su marido.

Esas terribles pérdidas se convertirían en el trampolín para su futuro. Noemí estaba viviendo en una nación extranjera y quedó separada de su patria y sus parientes. Se amargó. Noemí trajo a sus dos nueras y les dijo que no podía prometerles una mejor vida en Belén porque, cuando partió, estaba desolada. Una nuera decidió quedarse en Moab.

Noemí y Rut regresaron a Belén. La elección de Rut de ir redime a la humanidad. Dios estableció provisión para ellas en la ley levítica, la cual decía que tenían derecho a la herencia familiar si un pariente se convertía en su pariente redentor. Al regresar a Belén, había un pariente que tenía derecho en primer término a la propiedad de Noemí. Otro hombre rico, Booz, lo seguía después. El más cercano de los parientes aceptó redimir la parcela de tierra hasta que descubrió que había una viuda joven involucrada. Así es como la ley opera. La ley adora tomar pero no le gusta dar y reordenar su estructura. Dio marcha atrás amablemente, porque estropearía su propia herencia (Rut 4:6). Eso dejó a Booz como el más cercano de los parientes que tenían el privilegio de redimir su tierra y a Rut con ella. La moabita y el judío se hicieron uno. Ahora, miremos este plan redentor más atentamente y con mayores detalles.

Cuatro requisitos clave para la redención

Cuatro cosas eran requeridas para que un pariente pudiera redimir. Los mismos cuatro asuntos son esenciales para nuestro entendimiento de la redención del tiempo. Un redentor debe:

1. Ser un pariente cercano (Lev. 25: 25, 48; Rut 3:12–13)

2. Ser capaz de redimir (Rut 4:4–6)

3. Desear redimir (4: 6 de Rut)

4. Aceptar la responsabilidad de redimir las oportunidades desperdiciadas de su pariente.

Si una persona había sido forzada a la esclavitud, su redentor compraba su libertad. Cuando la deuda amenazaba con agobiarlo, el pariente intervenía para redimir su hacienda y permitir vivir a la familia. La redención del *go'el* se decía de cosas consagradas a Dios (Lv. 27:13-31), de Dios como redentor del hombre (Ex 6:6; Isa. 43 1; 44:22; 48:20; 49:7), y de los redimidos por Dios (Job 19:25; Is. 35:9; 51:10). El derecho de redención y el oficio pertenecían al pariente más cercano (Lv. 25:25; Rut 3:12; 4:1, 6, 8, y conexos.) Dios es el gran Pariente cercano de su pueblo. Cuando perdieron su libertad en Egipto, Él los rescató de la esclavitud. "Yo soy JEHOVÁ... y os redimiré con brazo extendido y con juicios grandes" (Ex 6:6). "Yo sé que mi Redentor vive, y al fin se levantará sobre el polvo" (Job 19:25). Para Job, su mayor queja fue que nadie vino para redimirlo. Job mantuvo su fe. También siguió proclamando que Jehová proveería su pariente redentor. La esperanza de Job miraba al Mesías venidero. Ratificó su fe en que su redentor vendría a la tierra. La redención fue completada cuando el precio fue totalmente pagado (Lv. 25:27; Rut 4:7—11).

Jesucristo es mi *Go'el* o redentor

"En efecto, la ley no pudo liberarnos porque la naturaleza pecaminosa anuló su poder; por eso Dios envió a su propio Hijo en condición semejante a nuestra condición de pecadores, para que se ofreciera en sacrificio por el pecado. Así condenó Dios al pecado en la naturaleza humana" (Ro 8:3, NVI). ¡Jesús es su pariente más cercano! Él fue como nosotros en todos los sentidos, excepto que nunca pecó. "Por tanto, tenía que ser hecho semejante a sus hermanos en todo, a fin de que llegara a ser un misericordioso y fiel sumo sacerdote en las cosas que a Dios atañen, para hacer propiciación [la reconciliación] por los pecados del pueblo" (Heb 2:17,

LBLA; aclaración entre corchetes añadida). Para identificarse con nosotros, Él "se despojó a sí mismo, tomando forma de siervo, hecho semejante a los hombres; y estando en la condición de hombre, se humilló a sí mismo, haciéndose obediente hasta la muerte, y muerte de cruz" (Fil. 2:7-8).

"Porque no tenemos un sumo sacerdote incapaz de compadecerse de nuestras debilidades, sino uno que ha sido tentado en todo de la misma manera que nosotros, aunque sin pecado" (He 4:15, NVI). Jesús, que resistió todo pecado, tiene el poder de redimirlo a usted.

Además, Jesús está *deseoso* de redimirlo. Jesucristo "se entregó por nosotros para rescatarnos de toda maldad y purificar para sí un pueblo elegido, dedicado a hacer el bien" (Tito 2:14, NVI; vea también He 10:12; 4:16; 2:17; 1 Juan 1:7; 2:2). Jesús dijo: "Porque el Hijo del Hombre no vino para ser servido, sino para servir, y para dar su vida en rescate por muchos" (Marcos 10:45). Él estaba diciendo: "Me ofrezco a sacarlo de su esclavitud." Juan 10:17–18 dice: "Por eso me ama el Padre, porque yo pongo mi vida, para volverla a tomar. Nadie me la quita, sino que yo de mí mismo la pongo. Tengo poder para ponerla, y tengo poder para volverla a tomar. Este mandamiento recibí de mi Padre". Jesús ha pagado el precio en su totalidad, pero usted debe recibir su redención. "Porque de tal manera amó Dios al mundo, que ha dado a su Hijo unigénito, para que todo aquel que en él cree, no se pierda, mas tenga vida eterna" (Juan 3:16). Jesús es el pariente más cercano del pecador.

Nuestra redención, que incluye nuestra salvación, ha sido comprada a un gran costo personal porque el Señor Jesús se dio a sí mismo por nuestros pecados, a fin de liberarnos de ellos. Nuestro *perdón* está basado en la sangre derramada de Jesucristo como precio del rescate. "En quien tenemos redención por su sangre, el perdón de pecados según las riquezas de su gracia" (Ef 1:7). La muerte de Cristo hizo camino para nuestra liberación del pecado si decidimos permitir que Él destrabe nuestro destino.

La plenitud de la redención afecta la tierra

La redención era un concepto tanto social como religioso en la vida cotidiana del pueblo de Dios. Los israelitas eran conscientes de su mutua responsabilidad de amparar al débil y al desprotegido. La redención asegura la vida de las personas como comunidad, no solamente como personas individuales (Dt. 25:5-10). Como se dijo anteriormente, esta costumbre exigía que un pariente cercano se casara con la viuda del difunto (el pariente), para continuar su línea familiar.

En Israel, la *tierra* debía quedar en la familia. Una familia podía hipotecar la tierra para protegerse de la pobreza. Sin embargo, hay una ley de redención en Levítico 25:25, que dice: "Cuando tu hermano empobreciere, y vendiere algo de su posesión, entonces su pariente más próximo vendrá y rescatará lo que su hermano hubiere vendido." Un pariente requerido podía volver a comprar la tierra y traer nuevamente la herencia a la familia. Si un miembro de la familia moría sin heredero, el pariente daba su nombre casándose con la viuda y criando un hijo para transmitir su nombre (Gn. 38:8; Dt. 25:5; Rut 3-4). Cuando un hombre moría a manos de otro hombre, el redentor actuaba como el vengador de la sangre y perseguía al asesino (Nm. 35:12-34; Dt. 19:1-3). El principio redentor fue usado con las cosas consagradas a Dios (Lv. 27:13-31). Dios usó este principio en la redención del hombre (Ex 6:6; Is. 43:1; 44:22; 48:20; 49:7). Los redimidos por Dios (Job 19:25; Is. 35:9; 51: 0) debían aprender a decir: "Por eso".

Hay una ley que dice: "Yo puedo ser redimido"

La interpretación de la redención de los israelitas está tejido con su interpretación de Dios. Dios sostiene al oprimido y al necesitado.

Extiende su amor y su misericordia, ofreciendo una nueva libertad y esperanza. Dios tiene una honda preocupación por el bienestar de su pueblo material, emocional y espiritualmente. Además, el tema de la redención se extiende a las generaciones y opera a través de la genealogía.

En Rut 4:13, vemos primero que Dios ayudó a Rut para que concibiera un hijo por su matrimonio con Booz. Segundo, a través de los vástagos resultantes descubrimos que el hijo nacido a Noemí es más que un mero don de Dios para continuar su linaje. Vemos avanzar la historia a través de la línea davídica, conectando el tema del libro de Rut con el gran tema de la Biblia, la historia de la redención.

A lo largo del tema de la redención, *hesed* (traducido como "amorosa bondad" y que a veces también implica "lealtad") se levanta al tope como otro concepto importante. El tema de *hesed* está tejido a través de Rut empezando en el capítulo 1, versículo 8, con Noemí bendiciendo a sus dos nueras cuando las insta a que retornen a sus familias moabitas: "Jehová haga con vosotras misericordia, como la habéis hecho con los muertos y conmigo". Tanto Rut como Booz demuestran *hesed* a los miembros de su familia a través de la historia. Éstos no son actos de generosidad con una expectativa de medida por medida. Más bien, son actos de *hesed* que van más allá de la medida y demuestran que el *hesed* puede exigir que una persona vaya más allá de los requisitos de la ley y escoja lo inesperado. Sin embargo, la importancia de la ley es evidente dentro del libro de Rut, y la historia refleja la necesidad de mantenerse dentro de sus límites. Al ir más allá de la medida al adquirir la propiedad (demostrando *hesed*), Booz redimió no solamente la tierra sino tanto a Noemí como a Rut. Las dos viudas tendrían entonces un porvenir seguro y protegido.

¡Hay una ley de redención! Pero esa ley está relacionada con la "amorosa bondad" divina para con su pueblo. Noemí había aprendido sobre esta ley mucho tiempo atrás. Sin embargo, una clave de

la vida es saber cuándo y cómo reconocer el tiempo de activar esa promesa o ley de la redención que no sólo recuperará su pasado sino que también abrirá el camino para su futuro. Hay cosas en cada uno de nosotros que deben ser activadas y en un tiempo AHORA.

Dios está esperando para redimir y traer la plenitud de su redención, y ahora es el tiempo para avanzar y triunfar. Noemí fue quien envió a Rut a espigar el grano olvidado y cosechar los productos en los rincones del campo, una previsión agrícola, que la Torá establece para los israelitas pobres. Pero la divina providencia envió a Rut al campo de Booz, y Booz era pariente de Elimelec. Él notó a esta bella mujer en su campo. Booz era viudo o soltero. Yo creo que Noemí *percibía* algunas cosas, incluso que Booz se sentía atraído hacia Rut. Amo a Noemí, porque su edad no le impidió ser reposicionada para el futuro. También se daba cuenta de que después de espigar una temporada de cosecha completa, era necesario hacer un cambio. ¡Tenía un plan para asegurar su futuro! Este plan comenzó recordando la ley de la herencia que había aprendido de niña, volviendo a esa ley, y luego desarrollando un plan para redimir el pasado, el presente, y entrar en el futuro.

Las identidades cambian de una estación a la siguiente

El libro de Rut contiene una de las historias más idílicas de la Biblia entre dos personas que conocen la pérdida pero vuelven a encontrar el amor. Como ya mencioné, la viuda Rut conoció al viudo Booz, cruzó líneas culturales, y se casó. Dos personas superaron sus diversidades religiosas, y una se convirtió al judaísmo para encontrar amor e identidad. Una ciudad que había perdido su identidad también estaba volviendo de la hambruna a una vida agrícola recién restaurada. Booz y Rut encuentran la restauración y redención de Dios y se convierten en los abuelos de David. Éstos reformadores de pactos hicieron que la vida eterna de Israel continuara. Al dejar de lado las emociones rotas y entrar en el futuro, un pequeño grupo de personas realmente dio lugar a que toda la humanidad tuviese un futuro.

Hay una gran profusión de detalles en el libro de Rut si continuamos cavando más profundamente. La atmósfera de la historia es creada desde el comienzo a través de los significados escondido de los nombres de los participantes. El marido de Noemí, Elimelech, significa "Mi Dios es rey", prefigurando el ordenamiento por Dios del linaje davídico de la monarquía. Noemí quiere decir "agraciada o agradable", aunque después pide ser llamada Mara "amarga". El cambio de nombre de Noemí explicita las emociones que ella estaba experimentando y la dirección de la historia. Incluso los nombres de los dos hijos, Mahlon, que significa "enfermo", y Quelión, que quiere decir "débil o consumido", representar la condición de su cuerpo y alma después de la pérdida de su herencia. Los nombres de las dos nueras también tienen significación. Orfa quiere decir, "Nuca o parte de atrás del cuello", y ella le dio la espalda a Noemí y regresó a pueblo. Rut, que quiere decir "amiga", prometió lealtad a Noemí. Booz, que significa "La fuerza está (en) él" o "él viene con fuerza", se convirtió en el pariente redentor, y el nombre de Obed, apropiadamente, quiere decir "siervo". Obed es el antepasado del rey David, y los reyes de Israel son siervos. Cualquier identidad puede cambiar o ser colocada en un nuevo plan de plenitud.

Recuerde que el enemigo puede entonces atacar nuestras vidas para dirigirnos a lo completamente opuesto a lo que Dios quiere que llegue a ser nuestra identidad. Noemí, cuyo nombre quería decir "agradable", no tenía en su corazón más que amargura. Declaró que quería ser llamada "amarga". Pero en medio de su angustia emocional, recordó que la herencia que su familia tuvo una vez estaba en Belén, no en Moab, así que decidió volver a su caos y desolación familiares.

Su compromiso con su pacto pone en marcha su redención

Las famosas palabras de Rut, "a dondequiera que tú fueres, iré yo", son usadas en muchos intercambios de compromiso en todo el mundo. Rut, que se dedicó a su suegra, hizo el pacto y siguió a Noemí de regreso a Belén. Éste es un ejemplo muy importante del proceso de cambio. Debemos preguntarnos a nosotros mismos si avanzaremos como Rut y aceptaremos las circunstancias que crean un ambiente diferente a nuestro alrededor. Rut sirvió a Noemí fielmente espigando en los campos de cosecha. Sin embargo, llegará un momento en que usted debe elegir cambiar, o su estado actual de "recolector" se convierte en el patrón y el límite de su futuro. Rut y Noemí no podían mantenerse de esta manera. Esta recolección no las estaba llevando a ninguna parte. Vino un tiempo en que Noemí decidió buscar seguridad para Rut. Quería asegurar lo mejor que el Señor tenía para el futuro de Rut. Observemos eso más atentamente.

El orden de Dios está involucrado

Rut está ahora en completo acuerdo con Noemí. ¿Ve usted el poder del acuerdo? Rut no es la viuda de Elimelec, y Booz no es su hermano. Sin embargo, Dios interviene para producir un nuevo orden injertando a Rut en su pacto y haciendo que Booz cumpla todos los requisitos de un pariente redentor. La redención era una bendición y ley no solamente para las personas, sino que también afectaba la tierra. Rut se convierte en un conducto para redimir el linaje completo y restaurar la tierra. La descripción de estas dos mujeres en una situación desesperada en una sociedad dominada por los hombres llega a ser un modelo para todos aquellos de nosotros que alguna vez se han perdido pero deciden regresar al lugar original de nuestra promesa y heredad. ¡La segunda oportunidad comienza! Rut es un personaje transicional. Salvó la brecha entre generaciones, culturas y linajes de la época de los jueces hasta el rey David. El amor misericordioso fue revelado a la persona de Rut como una demostración del amor de Dios a cualquier extranjero que lo siga.

Asegure su herencia ahora

La otra revelación muy importante del libro de Rut es el poder de la *redención*. El verbo *redimir* significa "volver a comprar y proteger". Dios puede redimir el tiempo que usted perdió. Así como el caso de los diez años que Noemí pasó en Moab mientras su tierra y fortuna estaban perdidas en Belén, nuestro Pariente Dios puede redimir nuestra oportunidad desperdiciada, reposicionarnos para la victoria, y darnos un plan de seguridad para el futuro. El poder de la redención sólo no corrige una injusticia ni arregla un error pasado, pero vuelve a la hora cero el reloj de su bendición para que usted pueda asegurar los beneficios de las generaciones por venir.

Asegurar es, "guardar eficazmente del peligro por fortificar algo para que esté fuera de riesgo".[2] Podemos hacer esto confinándolo, construyendo un seto, de manera que ningún enemigo pueda entrar en nuestros límites. No estamos viviendo en un mundo exento de peligro. Pero estamos viviendo en tiempos en que podemos sentirnos seguros. El Espíritu del Señor puede transformar su mente para que usted esté libre de miedo y aprensión. Él tiene un futuro estupendo para usted. No tenga miedo de lo que está adelante. El Señor nos garantiza:

> Porque yo sé los pensamientos que tengo acerca de vosotros, dice Jehová, pensamientos de paz, y no de mal, para daros el fin que esperáis… decir. Es la esperanza allí en su futuro, dice al Señor, que sus niños volverán a su propia frontera….Caracterice al hombre inocente, y observe el soporte vertical; para el futuro de eso el

> hombre es la paz. Pero los transgresores serán destruidos juntos; el futuro del perverso será aislado.... Esperanza hay también para tu porvenir, dice Jehová, y los hijos volverán a su propia tierra. ... Considera al íntegro y mira al justo, porque hay un final dichoso para el hombre de paz. Mas los transgresores serán todos a una destruidos; la posteridad de los impíos será extinguida.
>
> —Jeremías 29:11; 31:17; Salmos 37:37-38

Como mencioné previamente, Noemí percibía que Rut debía hacer un cambio para que su herencia pudiera ser asegurada. Esencialmente, dijo: "¡Esta Noche es nuestro Ahora, Rut! Arréglate, ponte guapa, quítate esas ropas de viuda que has llevado por un año, úngete, y vé adonde está la fiesta. Cuando llegues allí, espera hasta medianoche, y cuando Booz esté dormido, acuéstate a sus pies y haz lo que él te diga. Si haces esto, nuestro porvenir será asegurado. ¡Esta noche es nuestro futuro!". El resto es historia. La obediencia de Rut aseguró nuestro porvenir porque Jesús estaba en las entrañas de Rut y Booz.

En Rut 3:5, hallamos a Rut usando gran sabiduría: "Haré todo lo que me has dicho, respondió Rut" (NIV). ¡Esa sola frase es la única que necesita saber y aceptar para recibir la confianza de que usted tiene un futuro! Dígale al miedo al futuro que lo deje ya mismo, y dispóngase a hacer lo que deba hacer para obedecer la voz del Señor; entonces su futuro estará intacto.

Así que Noemí trazó un plan para Rut para asegurar su herencia. Esto es lo que le dijo que hiciera:

1. *Báñese*. Rut había estado espigando en los campos. Estaba cansada y con olor. Noemí sabía que no se iban a involucrar en ninguna herencia con la manera en que Rut lucía. Así que Rut trajo agua y empezó a lavarse. Hoy el Señor está recorriendo su cuerpo con

la revelación de la limpieza. Hemos trabajado mucho. Nos hemos afanado en los campos, y Dios dice: "Detente. Báñate. Deja que la Palabra de Dios fluya sobre ti. Toma un descanso. Quédate en remojo un momentito, y déjate limpiar, refrescar y renovar."

2. *Únjase*. Ungir significa ser embadurnado con aceite fragante. Rut necesitaba una nueva fragancia para la nueva etapa. Isaías 61 habla del aceite de júbilo que reemplaza al llanto en nuestras almas. Esto también es parte del Jubileo. Rut no había tenido un tiempo de júbilo, sino de viudez. Pero para ingresar a su etapa de heredera, necesitaba una nueva unción de aceite que emitiera una agradable fragancia. Cuando usted cambia de lugar hacia su etapa de heredero, permita que el Espíritu Santo lo cubra con una nueva unción. Permita que el aceite del júbilo reemplace en su vida al desagradable olor del luto.

3. *Póngase sus mejores ropas*. La vestimenta que Rut había estado llevando para trabajar en el campo era inapropiada. Recuerde, Rut seguía usando sus ropas de viudez. Para asegurar su futuro, debía soltar la viudez que la revestía. El pesar que había estado llevando no era adecuado para el siguiente lugar. No acercaría a nadie hacia ella. Como José, Rut debía ponerse una nueva vestimenta para moverse hacia su próximo lugar. He aquí una lección para nosotros: quítese el pesar. Como personas atravesamos situaciones realmente duras. Pero cuando Dios dice que es tiempo de cambiar sus ropas y dejar su pesar, no permita que la autocompasión mantenga esa vieja prenda abotonada a usted. ¿Podemos guiar a la gente del mundo si

estamos vestidos de pesar? No. Dios nos está vistiendo con un nuevo atuendo que mostrará al mundo el consuelo y aliento que él necesita. Tal como Rut y José lo hicieron, dispóngase a quitarse esa vieja vestidura y a ponerse un manto completamente nuevo.

4. *Vaya a la era de trillar.* La era de trillar tenía un propósito doble en aquellos días. Primero, era allí donde se separaba el trigo de la paja. Pero era también un lugar para festejar. Así que aquí Noemí dice: "Rut, quiero que vayas a donde está la fiesta". Mientras nos alistamos, Dios está preparando un banquete para nosotros, y nos está preparando a nosotros para ir a donde está la fiesta.

5. *Espere el tiempo de Dios.* Noemí le dijo a Rut que no entrara a la fiesta al llegar. Ella debía esperar hasta que toda la diversión terminara, y luego salir de las sombras. Dios nos está ubicando en un lugar de espera para que estemos listos en el momento oportuno. Luego Rut debía ir y echarse a los pies de Booz; para hacerlo, debía tomar una decisión definida. ¿Puede imaginarse lo que debe haber estado sucediendo en la mente de Rut? Parecía que Noemí le estuviera diciendo a Rut que actuara a lo "Tamar". Pero ella era una mujer virtuosa. Y ahora se le decía que se echara a los pies de un hombre.[3]

La sumisión siempre asegurará la redención que Dios desea

Ésta era una verdadera prueba de sumisión. Dios está trayendo el cuerpo de Cristo a sus pies, y debemos quedarnos allí hasta que recibamos lo mejor. Booz despertó de su sueño y vio a Rut yaciendo allí. Le preguntó quién era. Rut se identificó como una parienta cercana y le pidió que la cubriera. Fucsia Pickett describe el pedido de Rut de esta manera: "Al pedirle a Booz que la cubriera, Rut estaba declarando: 'Yo necesito un redentor. Soy una viuda, sin honra y sin herencia. Usted puede tomar mi vergüenza, mi pobreza, mi futuro sombrío, y darme un nuevo comienzo'".[4]

Rut tenía cierto grado de percepción y conocimiento. Creo que sabía que Booz estaba enamorado de ella. Por lo tanto, dejó "la cerrada mentalidad de ganar una porción" y fue por "la restauración total y el propósito redentor" conectados con su futuro. Le dijo exactamente quién era, y le pidió que la "redimiera" mediante el matrimonio y restituyéndole la propiedad de Elimelech en Israel que había sido vendida. Rut comprendió que la verdadera eternidad implicaba parir un niño en su propia porción de tierra de Israel. Por lo tanto cuando Rut apeló a su parentesco, él redimió la propiedad (Rut 3:9; 4:3). Para hacerlo, tuvo que casarse con Rut para "restaurar el nombre del difunto sobre su heredad" (Rut 4:5,10).

Muchos quieren el premio sin estar dispuestos a redimir. Dios busca administradores de sus propósitos que deseen fervientemente que se cumplan, para que esos propósitos puedan ir adelante. Booz estaba dispuesto a redimir y restaurar a una persona (Rut 3). Estaba dispuesto a redimir la tierra (Rut 4:4). Eso es lo que hace tan hermoso todo esto. Hay una forma. Hay un orden. Hay una rehechura y reordenamiento que configuran un nuevo orden para pasar de un colosal desorden y destrucción a la redención.

Rut estaba dispuesta a hacer grandes cambios para asegurar su futuro y el de su suegra. Como usted sabe, Booz se casó con ella, y todos recibieron lo mejor del tiempo redimido. Eso es lo que ocurre cuando estamos dispuestos a aceptar el cambio y encontrar nuestro nuevo sitio. En *The Future War of the Church* (La futura guerra de la iglesia), escribí un capítulo titulado "¡Mujeres levántense ahora!".[5]

¡Las "Mujeres de Ahora" saben que es tiempo de cambiar! Y si se mueven en el perfecto tiempo de Dios, asegurarán su porvenir. ¿Por qué es importante esto? Porque si las mujeres empiezan a levantarse como mujeres de Ahora y empiezan a orar de acuerdo con lo que Dios está haciendo, empezaremos a ver manifestarse estas cosas.

Por último, visualice a Noemí. Su amargura se ha ido. Tiene una sonrisa en su rostro y risa en su corazón. Su vida ha sido "recomprada". El tiempo perdido ha sido redimido. Sus vecinos dijeron: "¡Le ha nacido un hijo a Noemí!". Lo llamaron Obed, padre de Isaí, padre del rey David (Rut 4:17), del linaje del Mesías, Jesucristo (Mt. 1:5). Dios la había redimido.

Dios tiene un camino para *su* redención. Créalo para poder recomprar los años perdidos, y múdese a su futuro. ¡Usted puede concebir y dar a luz su futuro!

CAPÍTULO 7

REDIMIR LA SALUD, LAS RIQUEZAS Y LA INTEGRIDAD

Me encanta pensar en la redención, la recompra de todo mi ser. Cuando nuestro pariente Redentor decidió redimirnos, redimió todo nuestro ser: espíritu, alma y cuerpo. Nos liberó de las garras del plan del enemigo. Él vino para destruir las obras del enemigo (1 Juan 3:8). Nos salvó del infierno, del aguijón de la muerte y de nosotros mismos.

La salvación: nuestro boleto a la libertad

Necesitábamos un Salvador. Desde que fuimos echados del huerto, el hombre llevó una vida de tensión y dificultades. ¡Oh, sí! Hubo épocas de fe, como cuando Dios hizo pacto con el hombre a través de Abraham por sus respuestas correctas al amor de Dios. Sin embargo, la salvación es la liberación del poder del pecado y la manifestación de nuestra redención. La salvación es nuestro *pase* completamente pagado de salida de la cárcel donde estábamos cautivos. La salvación es nuestro boleto a la libertad.

En el Antiguo Testamento, la palabra *salvación* a veces se refiere a:

Liberación del peligro (Jeremías 15:20)

Liberación del débil de un opresor (Salmos 35:9-10)

Sanidad de la enfermedad (Isaías 38:20)

Liberación de la culpa de los delitos de sangre y sus consecuencias (Salmos 51:14)

Dios puede salvar una nación tan completa y tan fácilmente como salva a una persona individual; la liberación nacional de la amenaza militar de cautividad y control (Ex 14:13) y liberación de la cautividad (Salmos 14:7) no es imposible para nuestro Dios. Esto es clave para nuestra comprensión de la redención. Dios salvó a Noé del Diluvio. Esto dio al hombre otra oportunidad de vida. Reformó y sacó de la esclavitud a una nación entera con la que hizo pacto (Ex 12:40-14:31). El principio aquí es que hay una Tierra Prometida (Ex 13:3-16), y el imponente poder salvador de Dios puede ser demostrado llevándolo a usted allí.

El Éxodo es un modelo de la salvación para que la comprendamos. Esto volvió a situar a una generación (que había estado en cautiverio durante más de cuatrocientos años) en el tiempo perfecto de Dios para experimentar lo que Él había ordenado para ellos.

Aunque a veces el pueblo escogió la esclavitud, como la idolatría que resultó en su cautividad en Babilonia (Jer. 29), ellos siempre tenían un modelo de libertad y esperanza. Aunque una generación pudiera no escoger la libertad, habrá una edad futura en que un grupo corporativo se levantará y volverá a gritar: "¡Libertad y reforma!". Podría ser la reforma de leyes que habían generado esclavitud, o podría ser liberación de un determinado tiempo control, que estaba en manos de un ejército malvado llevado por la ambición de controlar el poder del Espíritu de Dios en la tierra (Dan. 7).

¡Pero Dios! Él envió a su Hijo, y por su presencia y el poder de la fe (Lucas 19:9–10), tenemos la posibilidad de aceptar su plenitud. Nuestra salvación está basada en su muerte y resurrección (Marcos 10:25). Esa salvación es *pasada, presente* y *futura*. Cuando una persona cree en Cristo, es salva (Hechos 16:31). Pero también estamos en el proceso de ser salvados del poder del pecado (Ro. 8:13; Fil. 2:12). Por último, seremos salvos de la presencia misma del pecado (Ro. 13:11; Tito 2:12–13). Dios libera hoy en nuestras vidas el poder de la resurrección de Cristo (Ro. 6: 4) y nos permite saborear un anticipo de nuestra futura vida como hijos suyos (2 Co. 1:22; Ef 1:14). Nuestra experiencia de salvación estará completa cuando Cristo regrese (Heb. 9: 28) y el reino de Dios sea completamente revelado (Mt. 13:41-43).[1]

Nos liberó para que tengamos seguridad, abundancia o incremento (hijos, cultivos, cosecha, finanzas), larga vida, pureza, consagración, santidad y vida eterna. Creo que nuestra interacción con Él cuando nos persigue determina el monto de tiempo en la tierra que experimentamos la plenitud de cada bendición de la lista anterior. Adopción, justificación, rescate, reconciliación, regeneración…. Todos ellos son parte del plan de salvación total. Usted recibe libertad al ser adoptado mediante la fe por gracia cuando humilla su voluntad y encuentra el perdón para sus pecados.

El Espíritu Santo

El Espíritu Santo, la tercera persona de la Trinidad, mora aquí en la tierra para alentarnos, enseñarnos, juzgar nuestro pecado, guiarnos, darnos convicción de pecado, rodearnos, manifestarse en nosotros, y permitirnos experimentar cada día su amor y gracia. Él ejerce el poder del Padre y del Hijo en la creación y la redención. El Espíritu Santo hace que los creyentes vengan a Cristo y vean con nuevos ojos de fe. Está más cerca de nosotros que nosotros mismos.

La actitud del Espíritu Santo es de generosidad. Su principal función es iluminar las enseñanzas de Jesús y glorificar su persona. Obra en la iglesia individual y colectivamente. Resiste al mal. Nos da convicción de pecado para que vivamos rectamente. Pronuncia la sentencia. El Espíritu Santo lo salva a usted, lo sella, y lo ayuda a caminar, a vivir (Ro. 8: 3-6), y a abundar en esperanza con poder (Ro. 15:13). Le revela a usted vida y abundancia. ¡Lo llena de júbilo!

El poder del Espíritu Santo nos trae revelación de quién es el Señor y quiénes somos.

La idea de revelación

Cuando Pablo rogó que el pueblo de Éfeso tuviera espíritu de sabiduría y revelación, estaba diciendo: "¡Deja que cada persona de aquí conozca el Espíritu de Dios de tal manera que se dan cuenta de quiénes son en Él!". Dios decidió venir al hombre y revelarse a Sí mismo. Dios nos reveló su nombre. Tenemos su nombre puesto sobre nosotros (Dt. 28:10). Abraham, un hombre, fue elegido para que saliera de Ur y se convirtiera en el hebreo que corre a lo largo de toda la humanidad. Los hebreos eran diferentes: no eran meramente hombres que buscaban relacionarse con Dios; eran hombre con *Torá* (la Ley y los estatutos de la vida) y *Dios*. Nuestra redención mediante el Señor Jesucristo y su Espíritu hace que nosotros seamos injertados en este increíble *cruzamiento* de pueblos. Si nosotros, como ellos, nos salimos del tiempo de Dios, nuestros pasos se pueden volver a reordenar buscándolo a Él.

La Palabra no es sólo sabiduría; ¡la Palabra es nuestro destino! Debemos tener el deseo de comer de esta Palabra y masticar su alimento nutricio o meditar sobre ella hasta que lleguemos a ser exitosos en nuestras asignaciones. ¡Dios descubrió a *algunos* hombres su voluntad para *todos* los hombres! Lo que está escrito es para todos. La Palabra responde la pregunta más importante: *¿Qué exige Dios de mí?*

El hombre es un ser peligroso, potente y grande, con inmenso poder y capacidad. Debe tener alguien que le diga *no*, para darle a elegir sus acciones (Salmos 8). Es así como y por qué Dios interviene con el hombre. Cuando usted comprende la realidad de la búsqueda del hombre por Dios, entiende la revelación. También podemos comprender por qué resistimos la revelación. Piense en Moisés. "Se acercó" para ver la zarza en llamas. Debemos decidir "ver" a Dios en nuestro medio. Una vez que podemos "verlo", debemos decidir aceptarlo. Sin soltarse y aferrarse (como Rut hizo con Noemí), no podemos experimentar la plenitud del precio que fue pagado por nosotros.

La revelación hace que las cosas obscuras se vuelvan claras. La revelación trae a la luz cosas escondidas. La revelación muestra señales que nos indicarán el sendero de nuestro destino. El Padre señala el *tiempo* de la revelación y ella es hecha asequible y disponible para nosotros por el Hijo e implementada por el Espíritu de Dios. Éste es para nosotros el concepto más difícil de comprender. Debemos esperar el testimonio del Espíritu a nuestro ser interior, nuestro espíritu, para cambiar de lugar y tener nuestro ser en Él. El hombre vive en el tiempo y el espacio, pero una dimensión de la atención de Dios entra en esa esfera. Debemos decidir si nos haremos responsables por lo que Dios trae a esta esfera. Cuando adquirimos comprensión, debemos desarrollar una acción.

La clave de fe

La clave para nuestra vida y para vivir en su tiempo es la *fe*. "La fe viene como resultado de oír el mensaje, y el mensaje que se oye es la palabra de Cristo" (Ro. 10:17, NVI). Sabemos que "sin fe es imposible agradar a Dios" (Heb. 11:6). ¿Qué es la fe? La fe es definida en Hebreos 11:1 (NVI): "La fe es la garantía de lo que se espera, la certeza de lo que no se ve." Gálatas 5:6 (NVI) revela que la fe actúa "mediante el amor." La Palabra de Dios desarrolla nuestra fe en lo imposible, incluyendo nuestra fe en el deseo de Dios de sanarnos. El salmo 107:20 asevera: "Envió su palabra y los sanó".

Satanás, para tener éxito en cambiar tiempos y leyes en su vida, debe hacer que usted deje de escuchar. Si puede hacer que deje de escuchar, luego puede pararlo en todo. La expresión de la fe es una afirmación de la verdad. La fe en sí misma es un acontecimiento. Es el momento en el cual el alma del hombre está en comunión con la gloria de Dios. Cuando perdemos ese momento de nuestras vidas en que expresamos fe, la secuencia de tiempo en que agradamos a Dios y experimentamos su favor y predilección pasa de nosotros o es pospuesta para otra oportunidad.

La fe viene, ¡y la principal manera en que viene es escuchando la Palabra de Dios! Me asombra cuántos no abren nunca el registro que fue escrito desde el cielo para un hombre, su pueblo, y la tierra que le fue prometida. Abraham fue elegido por Dios para ser nuestro ejemplo de atravesar todas las bendiciones que el cielo ofrece. Cuando el Señor Jesucristo vino, obedeció, murió, resucitó y puso en movimiento la plenitud de la redención, estas mismas bendiciones que habían sido prometidas a todas naciones fueron abiertas a nuestra experiencia. La Biblia es nuestra herramienta de audición, la plomada de nuestra fe está registrada en la Biblia.

Sin embargo, recuerde que Dios sigue teniendo esa pequeña, suave vocecita que usted oye silenciosamente en lo más profundo de su corazón. Usted también oirá al Señor a través de otras personas. La creación de Dios puede hablar plenamente de sus bendiciones o de sus juicios. Otra manera en que viene la fe es por los sueños y visiones. También lo encuentro muy vivo en nuestras experiencias o circunstancias. Pueden no gustarnos las circunstancias que enfrentamos, pero si nos sometemos, escucharemos la voz de Dios y veremos qué nos está diciendo. Los ejércitos del cielo también nos traen mensajes y nos ayudan. Hablaremos más sobre los ángeles en *Worship Redeemed* (Adoración redimida), el último libro de esta serie. Rara vez oiremos su voz audible, pero Él puede hablarnos hoy, tal como lo hacía en los tiempos antiguos. Dios no está en el tiempo. Por lo tanto, puede encontrar maneras de moverse en el tiempo para comunicarse con nosotros.

La fe se desarrolla y aumenta

La fe es precedida por el temor. "El principio de la sabiduría es el temor de Jehová" (Salmos 111:10). Debemos aprender a ver los milagros que están a diario con nosotros. Tenemos que abrir nuestros ojos por donde vamos (Proverbios 14:15). Debemos aprender cómo dejar que prevalezca su voluntad. Nuestra fe no es sólo asunto *nuestro*: también es asunto *suyo*. La guerra de nuestra voluntad contra la fe puede ser muy poderosa. Mientras su voluntad no se haya rendido, usted no podrá estar seguro de lo que desea. Solamente en su *luz* vemos la *luz*. No buscamos a Dios solamente por información; buscamos a Dios para poderle responder.

Dios no es importante a menos que tenga la *suprema* importancia en nuestra vida. La fe no es lo mismo que la creencia. La fe es sensibilidad, conocimiento, compromiso y sujeción. Podemos ganarla o perderla; recuerde la generación que salió de Egipto (Salmos 78:14-32; Is. 63:17). La fe incluye fidelidad, fortaleza para esperar, la aceptación de su ocultación, y el desafío de la historia (Is. 26:13). La fe mueve montañas y puede cambiar naciones si permitimos que ese grano crezca dentro de nosotros.

Abrirse paso hacia la salud, la prosperidad, y un nuevo ámbito de gloria

Las dos áreas en las que parece haber más problemas para experimentar en nuestra vida el plan redentor de Dios son nuestra *salud* y el ámbito de la *pobreza* contraria a nuestra mentalidad de incremento. La voz de la *pobreza* dice: "Dios no es capaz." La voz de la *enfermedad* dice: "¡Seguirás estando tan débil que te marchitarás y perderás la fuerza para producir su destino!". La manifestación del Espíritu Santo con dones de sanidad y milagros es uno de los asuntos clave en que debemos insistir para ver desplegarse en esta generación. Es crítico que tengamos una renovación de su poder y demostración. En 3 Juan 2 leemos: "Amado, yo deseo que tú seas prosperado en todas las cosas, y que tengas salud, así como prospera tu alma".

Soy un guerrero. He tenido tantas enfermedades que tuve que aprender a guerrear con ellas. Una historia bíblica que realmente me bendice es la de la mujer con espíritu de enfermedad quien "superó todo" en Marcos 5:25-34. Es un ejemplo increíble de superación personal. Superó la estructura religiosa de su época, el reproche de ser una mujer, y el estigma de estar impura. Ella lo atravesó todo para tocar al Señor. Esto hizo que el Señor soltara "virtud" (v. 30, RV09; "poder" en RV60) de su propio cuerpo, que curó su enfermedad. "El tratamiento de la enfermedad por Jesús era parte de su plan redentivo de liberación. Jesús sanó a personas enfermas. Éste fue uno de sus principales ministerios. Lidió con muchas causas como raíz de la enfermedad y con personas individuales afectadas por demencia, defectos congénitos e infecciones."[2]

Los Dres. Robert A. Weinberg y Anthony L. Komaroff, en "Health for Life: Your Lifestyle, Your Genes, and Cancer" (Salud para vivir: su estilo de vida, sus genes, y el cáncer), un estupendo artículo de *Newsweek*, dicen:

> Si adelgazamos, hacemos ejercicio con regularidad, evitamos las dietas ricas en carnes rojas, consumimos más frutas y verduras, y dejamos de fumar, podríamos prevenir en un 70 por ciento todas las formas de cáncer. La evidencia más contundente sobre la importancia que tiene el estilo de vida en el cáncer es que los cánceres más comunes tienen una tasa de incremento distinta en diferentes partes del mundo. Varios cánceres frecuentes en los Estados Unidos son relativamente infrecuentes en otras partes del mundo y se presentan con una décima o un vigésima parte de la frecuencia con que lo hacen en EE.UU. Resulta igualmente sorprendente que,

> cuando pobladores de otros lugares del mundo emigran a los Estados Unidos, una generación después su tasa de cáncer se acerca a la de familias que llevan mucho tiempo viviendo en este país. Incluso en quienes permanecen en su país de origen, pero adoptan el estilo de vida estadounidense, su riesgo de cáncer aumenta.[3]

La prosperidad, si no se usa correctamente, puede crear un obstáculo para la salud. Ellos siguen diciendo:

> El estilo de vida influye en el riesgo de cáncer de una persona porque genera señales que favorecen el crecimiento de células predispuestas a volverse cancerosas o que ya lo son. Y lo que determina esa predisposición son, en primer lugar, cambios en sus genes. Todos los tumores comienzan con una célula renegada. Al principio, es solo una de unos 30 billones de células que componen el cuerpo. Aparenta no diferenciarse de las células que la rodean y, como ellas, se divide sólo cuando el órgano del que forma parte necesita que se divida. Pero luego, aunque el órgano tenga suficientes células, la célula renegada empieza a multiplicarse de modo incontrolable: una célula se hace dos, dos se hacen cuatro, cuatro se hacen ocho y así sucesivamente. Así, podría afirmarse que el cáncer es en última instancia una enfermedad de genes que funcionan mal.[4]

¿Qué causa los diversos cambios genéticos que resultan en el cáncer? Las sustancias químicas del ambiente que provocan mutaciones —**mutágenos— pueden hacerlo.** El humo del tabaco, los aditivos de la mayoría de nuestras comidas *rápidas* e impurezas ambientales de la atmósfera son algunas de las razones para la rebelión celular. Pero en realidad, la mayoría de las mutaciones inductoras de cáncer ocurren cuando las celdas dañan sus propios genes a través de emisiones espirituales que tuercen y cambian el propósito original de nuestro destino dado por Dios. Esto es llamado *iniquidad*. Escribí un capítulo sobre "The Blood War" ("La guerra de la sangre") en *God's Unfolding Battle Plan* (Desplegando el plan de batalla de Dios) si usted desea profundizar en este tema.[5]

Weinberg y Komaroff siguen diciendo: "Otra cosa —algo exterior a la célula cancerígena— tiene que avivar las llamas (de estas células rebeldes). Una célula con algunas mutaciones puede estar preparada para volverse cancerosa, o incluso puede estar en las tempranas etapas de letargo del cáncer, pero esa célula usualmente tiene que ser estimulada por señales adicionales promotoras del crecimiento para llegar a convertirse en un auténtico tumor".[6] Algunos de esos factores son la dieta, la obesidad, la falta de ejercicio, traumas y otros.

Con todos los estímulos que enfrentamos diariamente, ¿ve usted cómo es posible que Satanás envíe un espíritu de enfermedad contra nosotros? Cuando nos salimos del tiempo de Dios en todo lo que hacemos, nos abrimos a que este espíritu se conecte con nuestras células, encuentre una hebra de iniquidad escondida en nuestra sangre y trabaje para acortar nuestro tiempo y fuerzas en el ámbito terrenal durante el lapso de nuestra vida. El ADN es la molécula responsable de las instrucciones hereditarias de las células. Si estas moléculas son influidas erróneamente o reciben información de fuentes externas en su reproducción, codifican información perjudicial que queda *en incubación*. Los errores en la copia de la información pueden resultar en cambios permanentes de su ADN. Estos errores pueden causar adicciones, problemas mentales, tendencias religiosas engañosas, raíces de amargura, traiciones y ruptura de pactos, problemas de odio a Dios, problemas de ocultismo y brujería, y patrones sexuales desviados, para nombrar unos pocos. ¡Dios mío!

La iniquidad tiene un tiempo. Encontramos este principio en Génesis 15. La maldad de los amorreos un día llegaría a su colmo, y Dios redimiría a un pueblo al que transferiría toda la riqueza que estuvo retenida en esa estructura. Este pueblo tomaría el dominio de su promesa a su tiempo.

Cinco principales áreas de la iniquidad

Si recibimos malos estímulos, Satanás puede atraparnos para trabajar con sus propósitos de crear importantes brechas en el plan del reino de Dios en la tierra. Las cinco principales áreas en las que trabaja para cambiar los tiempos y la ley son:

Quebrantamiento del pacto
Idolatría o sacrificio de sangre
Derramamiento ilegal de sangre
Inmoralidad sexual
Robarle a Dios

Si puede lograr que usted participe en alguna de estas áreas con él, puede retorcer la estructura de su ADN, codificar patrones de pecado, cambiar su tiempo, y frustrar su destino. Cuando coincidimos con alguna de las tentaciones antes mencionadas, veremos lugares llamados *rupturas* o *brechas* en nuestras vidas. Éstos siempre se manifestarán en una debilidad de nuestros cuerpos y podrán extenderse al futuro en nuestro linaje. ¡Esos son ladrones de bendiciones! Debemos volver a poner en cero nuestros relojes para ganar las bendiciones que Dios planea que nosotros tengamos en la vida.

El precio de nuestra sanidad está pagado

La sanidad bíblica tiene asociadas algunas palabras que ayudan a producir un pleno entendimiento del plan redentor de Dios. *Marpé* quiere decir que estamos recibiendo salud[a], o que vendrá una sanidad (Mal. 4:2). Otra palabra interesante vinculada con la sanidad es *tealá*,[b] que quiere decir abrir o desarrollar un canal de irrigación. Debemos recordar que un río de sanidad se está abriendo para el pueblo de Dios. Esto también significa aplicar algo externo. (Vea Jeremías 30:13.) *Kejá*[c] es otra palabra que significa mitigar, hacer más templado o menos grave, aliviar o facilitar (Nah. 3:19).

Una de las características con que Jehová se reveló a Sí mismo era Rafá o Rofe, que significa "Uno que restaura a la función normal." (Vea Jeremías 17:14; Salmos 6:2.) Las acciones de Dios no sólo revelan su carácter sino que también están relacionadas con sus nombres o títulos divinos. Como mencionamos antes, una revelación fresca del nombre de *Jehová* precedió al gran acto redentor del Éxodo. Cuando vemos el nombre de Dios, esperamos el acto de Dios. Parte de nuestro problema con la sanidad es una falta de conocimiento de Él como *Jehová Rafa*. Se reveló a su pueblo en medio de sus desvaríos, murmuraciones y quejas porque necesitaban un sanador que pudiera ayudarlos a soportar su viaje hacia la plenitud divina. La salud es una condición en la cual los componentes del cuerpo, la mente, y el alma están libres de enfermedad. Las partes se complementan en su funcionamiento conjunto para promover la paz de la persona. La salud no es cuestión de envejecimiento normal. La curación es un proceso que a menudo involucra análisis médico, quirúrgico, o de la mente para ayudar a la reparación funcional de nuestra condición. Esto puede hacer que seamos regenerados. Una parte del cuerpo o la mente, antes afectada o dañada, puede ser completamente restaurada al uso.

Therapeuo (ia) es la palabra vinculada con el encargado que cuida (Juan 5:10; Lucas 9:11; 12:42; Ap. 22:2). A veces debemos ser el sanador a quien el Señor usa. Por lo tanto, hay un don divinamente impartido que puede ser usado para ayudar a que una persona se sane (*iáomai*, Lucas 4:18; 1 Co 12:9). *Sozo* significa librar a uno de una enfermedad (Marcos 5:23), y *diasozo* significa hacer que uno escape del poder degenerativo de una enfermedad (Lucas 7:3).

La sanidad está vinculada con las funciones de su cuerpo físico

(Salmos 6; Lucas 7:21). Sin embargo, la sanidad es más que el mero funcionamiento correcto de su cuerpo. Dios quiere que su espíritu, alma y cuerpo estén sanos y santificados (1 Tes. 5:23). Por lo tanto, es muy importante comprender la dimensión espiritual de la sanidad (1 Co 12:9, 28, 30).

Las fuentes de vida a nuestro alrededor pueden ser sanadas. Eliseo echó sal en los manantiales de Jericó (2 Reyes 2:21–22). La sal puede limpiar algo. Vemos esto en la profecía de Ezequiel sobre el creciente río de vida (Ez. 47). Las naciones también pueden ser sanadas (Os. 6). Sus azotes han sanado.

Dolencia es un término que abarca más que la mera enfermedad; está también relacionado con el sufrimiento y la pena. En Mateo 8:16-17, Jesús: "....cuando llegó la noche, trajeron a él muchos endemoniados; y con la palabra echó fuera a los demonios, y sanó a todos los enfermos; para que se cumpliese lo dicho por el profeta Isaías, cuando dijo: Él mismo tomó nuestras enfermedades, y llevó nuestras dolencias". (Vea también Isaías 53:4.) Las dolencias también pueden referirse a una incapacidad de una u otra clase. Pueden existir dolencias como consecuencia de defectos morales o espirituales que hacen que nuestra voluntad se aparte de Dios. Las dolencias pueden estar relacionadas con la influencia de un espíritu maligno. (Vea Lucas 13:11.)

Las dolencias también pueden estar vinculadas a una debilidad general de nuestros cuerpos o a algo que creó la debilidad, como una profunda pena. Romanos 15:1 dice que "los que somos fuertes debemos soportar las flaquezas de los débiles". Esta debilidad es una dolencia. No sólo Cristo cargó nuestros defectos y dolencias, sino que también nosotros somos llamados a cargar los defectos y las dolencias de nuestros hermanos y hermanas en el Señor. Esto es llamado intercesión. "Y de igual manera el Espíritu nos ayuda en nuestra debilidad; pues qué hemos de pedir como conviene, no lo sabemos, pero el Espíritu mismo intercede por nosotros con gemidos indecibles" (Ro. 8:26). Hemos sido llamados a interceder por el enfermo, lo cual nos permite que traigamos ante el Señor a alguien más débil que nosotros mismos.[7]

No necesitamos doctores

No estoy en contra de los doctores. No estaría vivo hoy sin ellos. Sin embargo, si usted no escucha a Dios sobre cómo conducirse con la ayuda profesional, puede gastar todo su dinero y terminar adeudándoles en el futuro. Tal como hoy, la *prevención* era el procedimiento más importante para combatir la enfermedad en los tiempos bíblicos. Es interesante notar, sobre la base de nuestro actual conocimiento de la enfermedad, que muchas de las leyes que el Señor estableció en las épocas bíblicas habrían ayudado realmente a prevenir y combatir varias enfermedades. La dieta es una de las facetas más importantes de la salud, y es la razón por la cual hallamos cierto número de leyes que se relacionan con la dieta. (Vea Levítico 11.) El vino también era usado para ayudar a contener problemas y aliviar el dolor y el malestar (1 Ti. 5:23). Varios ungüentos y bálsamos eran usados también en las épocas bíblicas para curar (Is. 1:6). Santiago ordenó al uso combinado del aceite, la confesión de pecados y la autoridad espiritual para producir curación (Santiago 5:14).

En un mundo de estimulación química y tensión abrumadora, es una maravilla que algunos de nosotros estemos sanos. El estrés tiene tal impacto sobre nuestros cuerpos —tanto física como espiritualmente— que sin el Señor como nuestra fortaleza nos sería imposible vivir en este mundo. Jesús nos dijo que estamos *en* el mundo pero que no somos *de* él (Juan 17:11, 14). Así que ¿por qué necesitamos doctores? Una razón es porque los doctores están entrenados para comprender la dinámica *del* mundo y pueden darnos sabiduría sobre cómo estar *en* el mundo.[8]

Su cerebro puede cambiar

Adoro el artículo sobre "El cerebro" de la revista *Discover.*

> Dean Buonomano, un neurocientífico de la UCLA, argumenta que para percibir el tiempo en fracciones de segundo, nuestros cerebros consideran el tiempo como si estuvieran observando las ondas de una laguna. Buonomano arguye que nuestros cerebros pueden comparar el segundo patrón con el primero para decir cuánto tiempo ha pasado. El cerebro no necesita ningún reloj porque codifican el tiempo por la manera en que se comportan las neuronas. Warren Meck de la Duke University argumenta que el cerebro mide largos periodos de tiempo produciendo ritmos. Escucha los ritmos como si fueran música. Imagine que usted está escuchando un tono de 10 segundos. Al principio del tono, las neuronas de su corteza se volvieron a poner a cero, así que todas empiezan a encenderse sincronizadamente. Pero algunas se encienden más rápido que otras y, por tanto, en cualquier momento algunas están activas y algunas no. De un momento al próximo, una neurona espinosa medial recibe un patrón único de señales de las neuronas vinculadas con ella. El patrón cambia como cuerdas en un piano. Cuando los 10 segundos terminan, la neurona espinosa medial puede simplemente "oír" el acorde para decir cuánto tiempo ha pasado.... Incluso en un cerebro sano, el tiempo es elástico... No estamos libres del tiempo... Pero no somos sus esclavos. Lo estiramos y retorcemos para que sirva a nuestras propias necesidades. El tiempo, en otras palabras, es sólo una herramienta.[9]

Cuando leí este artículo, mi fe renació. Dios puede ayudarnos a volver a cero nuestro cerebro. Los sonidos del cielo pueden reformar nuestra manera de pensar, curar nuestros cuerpos y darnos nueva fuerza para aventurarnos a salir a un mundo cambiante y crítico donde podemos producir transformación. (El próximo libro de esta serie, *Worship Redeemed* [Alabanza redimida] hablará más de esto.)

Cuando viene el sonido de cielo, el Espíritu del Señor se mueve en nuestra sangre (He. 9:9-14). La sangre es el fluido de vida que circula por el cuerpo y que produce unidad en el alma (Gn. 9:4). Toda actividad del cuerpo está en función de la cantidad de sangre. Sin derramamiento de sangre, no hay perdón. El verdadero sacrificio está relacionado con la sangre. Los azotes que Jesús recibió limpiaron nuestra sangre. Cuando respondemos al sonido de la fe, nuestra sangre se mueve por ese mismo espíritu y limpia nuestra conciencia.

La idolatría es la adoración contraria a su sacrificio de sangre

La idolatría se forma cuando *adoramos imágenes* o rendimos honores divinos a cualquier objeto creado que no sea el objeto de nuestra creación, nuestro Creador. La idolatría asume una forma, que puede incluir el fetichismo (adoración de árboles, ríos, colinas, piedras, etcétera.), adoración de la naturaleza (sol, luna, estrellas), o adoración de los héroes (antepasados muertos, héroes).

La idolatría está vinculada con:

- La nada, la vanidad (Is. 41:29; 66:3)
- Una cosa inútil (Salmos 97: 7; Is. 19:3)
- Terror (Jer. 50:38)
- Temor, horror (1 Reyes 15:13; 2 Chron. 15:16)
- Vergüenza, una cosa vergonzosa (Jer 11: 13; Os 9:10)
- Una palabra de desprecio, estiércol, rechazo (Ez. 16:36; 20:8; Dt. 29:17)
- Mugre, impureza (Ez. 37: 23; Nah. 3:6)
- Semejanza, una idea esculpida (Dt. 4:16)

- Una sombra (Dn. 3: 1; 1 Sam. 6:5)
- Similitud (Deut. 4:12-19)
- Una figura que resulta del trabajo de un hombre (Is. 48:5; Sal 139:24)
- Una "estatua" erigida (Jer. 43:13)
- Imágenes del sol (2 Cr. 14:3; 34: 4, 7; Is. 17:8)
- Un *dispositivo*, una imagen de piedra (Lv. 26:1)
- Un imagen tallada o esculpida (Is. 44:10-20)
- Una imagen de fundición (Dt. 9: 12; Jue. 17:3-4)
- Imágenes, dioses de familia (Jos. 24:14)

La mayoría de nuestras enfermedades y dolencias están arraigadas en un sistema de adoración indebido. La descripción del Señor revelándose a sí mismo como sanador al pueblo al que estaba redimiendo se encuentra en Éxodo 15:22–26 (Torá):

> Moisés hizo partir a los israelitas del mar de Suf y se dirigieron hacia el desierto de Sur: caminaron tres días por el desierto sin encontrar agua. Luego llegaron a Mará, porque era amarga. Por eso se llama aquel lugar Mará. El pueblo murmuró contra Moisés, diciendo: "¿Qué vamos a beber?". Entonces Moisés invocó a Adonai, y Adonai le mostró un madero que Moisés echó al agua, y el agua se volvió dulce. Allí dio a Israel decretos y normas, y allí le puso a prueba. Y dijo: "Si de veras escuchas la voz de Adonai, tu Dios, y haces lo que es recto a sus ojos, dando oídos a sus mandatos y guardando todos sus preceptos, no traeré sobre ti ninguna de las plagas que envié sobre los egipcios; porque yo soy Adonai, el que te sana".

El poder de las palabras

La lengua y nuestra expresión están ligadas a nuestra curación, salud, redención y al ciclo de las bendiciones que Dios creó para que experimentemos. En sentido contrario, y en conexión con los propósitos del infierno de detener la manifestación de nuestra salud, curación e integridad hay palabras en contra de nuestra atmósfera que intentan encadenarnos para que no podamos experimentar, ver y tratar con Dios y con lo mejor que Él tiene para nuestras vidas. Esas palabras están ligadas a maldiciones: palabras pronunciadas para controlar, quitar la libertad, manipular, y causar daño a los propósitos de Dios en nosotros. Éstas pueden venir de cuatro formas:

- Legalismo religioso
- Espiritismo
- Brujería
- Superstición

Estas palabras son enviadas para causar irritación en nuestros espíritus. Esta irritación puede crear problemas de salud y mantenernos cautivos en la pobreza. *Irritar* es: "molestar, inquietar o confundir". ¡El enemigo no sólo quiere *ocupar* su alma con enfermedad y manipulación demoníaca, sino que también quiere irritar su espíritu! Recuerde que tanto en el antiguo como en nuevo pacto, se nos asegura que "Envió su *palabra* y los *sanó*" (Salmos 107:20, énfasis añadido; vea también Mt. 8). No ponga ningún otro dios delante del Señor y seguirá siendo fuerte y vencerá a sus enemigos.

El ciclo de bendición

Todos queremos ver la manifestación de nuestra redención. El poder de la redención se manifiesta en un ciclo de bendiciones con el propósito de sorprendernos. Doblamos nuestras rodillas en adoración y permitimos que Él vierta la gloria del cielo en nuestro ser profundo. Cuando lo adoramos, nuestro espíritu se levanta, y ninguna depresión puede mantenernos cautivos. Esas bendiciones son iniciadas por Dios. Dice: "Bendeciré…" (Gn. 12:1-3). Mi papel en la vida es bendecirlo (Salmos 103). Ese ciclo de bendición crecerá siempre hasta que las bendiciones nos rebasen, si permanecemos en nuestro pacto de fe con Dios. Él es un Dios de pacto con promesas que conceder. Esas promesas tienen asignados límites. Nuestra autoridad cae dentro de esos límites. Guerreamos desde nuestra autoridad contra cualquier enemigo que amenace esos límites. Se nos ha dado dominio, y a ninguna otra fuerza se le permite tener ventaja sobre nosotros. Las bendiciones son propulsadas hacia adelante por la revelación profética y por estrategias dadas desde el ámbito celestial en nuestro hombre espiritual, sustentadas por Espíritu Santo, y demostradas por nuestra fe.

Proclamamos las bendiciones que Él vierte sobre nosotros. Le damos lo mejor de lo nuestro en diezmos, ofrendas, limosnas y primicias, así que con el tiempo veremos el cumplimiento de su plan para nuestra vida. Podemos llevar una vida de bendición y renovación.

Funciones del espíritu renovado

Dios redimió su espíritu, su parte eterna, para que usted cambie y tenga su vida en Él. El hombre espiritual dentro de nosotros debe estar irradiando constantemente la bendición de Dios a la atmósfera que nos rodea. El espíritu del hombre, cuando está lleno del Espíritu Santo, debe:

- Adorar y exaltar a Dios (Lucas 1: 4).
- Mantenerse "dispuesto" y sometido (Mt. 26:41).
- "Conocer" o *interpretar* el momento oportuno en nuestras circunstancias (Mr 2:8).
- Intuir el peligro o angustiarse (Juan 13:21).
- Hacer trabajo de parto cuando no puede explicar algo en su espíritu (Marcos 8:12).
- Vivir *enfervorizado* (Hechos 18:25; Santiago 5:16).
- Ser resuelto y persistente pero no terco (Lucas 9:51).

- Cantar y bendecir a Dios y a su pueblo y creación (1 Co. 14:15-16).
- Estar siempre animado por la fe y mostrar amor (Col. 1: 8; Mt. 14).
- Estar lleno de sabiduría y revelación (Ef. 1:17).

No importa qué pérdidas haya experimentado usted, el poder redentor del Señor Jesucristo puede revivirlo, llenarlo y restaurar su corazón para triunfar en esta nueva etapa.

La pobreza y Mamón[d]: la guerra contra Dios

El plan redentor en cada nueva etapa

En cada nueva etapa de la historia de la iglesia, el Señor renueva su visión, su llamado y su propósito para con su cuerpo. Por lo tanto, está diciendo que ha llegado el tiempo de que su pueblo entre en las promesas que Él ha dado a conocer sobre sus vidas, esferas de autoridad y territorios. Es un tiempo perfecto. En este tiempo de caótico y reordenamiento de las estructuras de comercio, debemos comprender el concepto de incremento y multiplicación sobrenatural.

El mayor espíritu con el que parecemos estar lidiando en nuestra sociedad material es el segundo cordón de la trenza de la cautividad: la *pobreza*. Pobreza es "rehusar llegar a ser lo que Dios ha creado y destinado que nosotros seamos" y "no creer que el Señor puede diversificarnos en la plenitud de su plan.". La pobreza no es sólo la experiencia de *carencia* sino también *el miedo* a que *nos falte*. Hay pobreza cuando nos conformamos al plano del mundo, que nos rodea e influye en nosotros con una perspectiva sólo mundana. En respuesta, olvidamos la capacidad de Dios en medio de nuestras circunstancias. La pobreza es la voz que dice: "¡Dios no puede!".

Puede haber pobreza de varias maneras. Puede darse por la

opresión y las estructuras autoritativas erróneas (Is. 5:8). Puede darse si desarrollamos una mentalidad de codicia o de gula (Pr. 23:21), o nos hacemos indolentes o flojos (Pr. 24:33-34). La prisa resulta en pobreza (Pr. 28:22), que ocurre cuando caemos en planes para *enriquecerse ya*. Puede haber pobreza si resistimos al Espíritu Santo y por lo tanto anulamos las bendiciones del Señor.

La principal causa de pobreza en nuestras vidas es el fracaso en cosechar. Cuando no recogemos la cosecha, una mentalidad de pobreza se pone contra nosotros. Muchas veces el enemigo esperará hasta nuestro tiempo de cosecha para desarrollar las estrategias de devastación contra nosotros. Como los madianitas que siempre robaban la cosecha de los israelitas (vea Jue. 6), el enemigo ya ha diseñado un plan para terminar con nuestros activos y tasas de retorno.

Podemos plantar. Podemos ver crecer nuestras cosechas. Podemos tener incluso un tiempo de cosecha. *Pero si no aprovechamos nuestra oportunidad para recoger y administrar la cosecha, una estrategia de pobreza empezará a desarrollarse contra nosotros.* Cuando aumentemos sin ampliar los almacenes para contener lo que hemos cosechado, el enemigo ganará acceso a nuestros excedentes y a nuestro futuro.

Otras causas de pobreza incluyen alinearse con estructuras que producen tasas de interés que exceden de un interés justo (Neh. 5:1-5), el miedo y la falta de disposición a enfrentar a nuestro enemigo (Pr. 22:13), y sucumbir a una persecución de la fe (2 Co. 6, 8).[10]

Dar y recibir

Ser dadivosos es un estilo de vida para Pam y para mí. En realidad, la mayoría de las personas piensan que soy motivado por la profecía porque soy profeta. Sin embargo, lo que me motiva es el dar. Dios me ha mostrado el poder de la siembra y la cosecha. La cuestión de dar es probablemente uno de los temas más polémicos en el cuerpo de Cristo. Ser dadivoso no significa traer un cheque o dólar a la iglesia. Más bien, el dar está basado en una relación de pacto que se vincula con un altar de la adoración. Damos cuando reconocemos que *nuestro Rey* es *justo* y *legítimo*. Bendecimos al Señor para que Él tome justificadamente su posición a nuestro favor. Damos cuando adoramos. Damos cuando respondemos a la autoridad con generosidad y bendición. Damos cuando nos damos cuenta de que el menor es bendecido por el mayor, que Dios es el más grande de los reyes y que debemos querer darle todo a Él. Damos cuando no nos aferramos a lo que nos ha sido confiado por el Señor.

He aquí algunas cosas que deben recordarse respecto al dar:

- ¡Dios dio! Envió la expresión de Sí mismo a través de su Hijo hecho hombre. Su Hijo dio su vida por nuestra libertad (Juan 3:16).
- Debemos dar porque reconocemos que nuestro *Rey* es *justo* y *legítimo*. Cuando usted da, solamente Él puede levantarse sobre usted en ciertas dimensiones y ser su juez. Solamente Él puede hacerlo a usted justo.
- Damos cuando adoramos. La adoración es una expresión de fe en alguien más grande que nosotros mismos. Nuestro ser devuelve de su vida a su Creador cuando adoramos.
- Damos cuando respondemos a la autoridad con generosidad y bendición. Me encanta dar a quienes hacen que mi destino avance.
- Damos cuando nos damos cuenta de que el menor es bendecido por el mayor.
- Damos cuando no retenemos lo que nos ha sido confiado y de lo cual somos administradores.

Éste es un *kairós* o tiempo estratégico para que el cuerpo de Cristo entre y coseche los campos de todo el mundo. Éste es un tiempo clave para soltar lo que el enemigo mantuvo atado, principalmente nuestra herencia. La historia de la viuda en 2 Reyes 4 revela con mucha perspicacia cómo tomar lo que actualmente tenemos y multiplicar ese recurso para nuestro futuro. Esto producirá un desbloqueo de lo que necesitamos para guardar intacta nuestra herencia o porción.

Este concepto es sumamente importante para nosotros cuando entramos en la época de cosecha que el Señor nos ha preparado. Dentro de cada *campo* de la tierra, hay una cosecha. Cuando usted estudia la cosecha en la Biblia, descubre que había una pequeña ventana de oportunidad para recoger las cosechas del campo. Creo que estamos entrando en esa ventana de oportunidad y debemos empezar a orar en consecuencia.

Usted tiene asignado un campo: el lugar al cual el Señor lo ha llamado. Cada persona tiene un lugar así. En ese campo hay muchos recursos. El recurso más preciado son las personas. Cuando el Señor habla de cosecha, expresa su anhelo de cosechar un campo de almas de la Tierra. "Y al ver las multitudes, tuvo compasión de ellas; porque estaban desamparadas y dispersas como ovejas que no tienen pastor. Entonces dijo a sus discípulos: A la verdad la mies es mucha, mas los obreros pocos. Rogad, pues, al Señor de la mies, que envíe obreros a su mies" (Mt. 9:36-38).

Para operar en el llamado del Señor a cosechar, usted debe tener ojos para ver las multitudes, un corazón compasivo, y buena disposición a ser enviado a los campos a los que el Señor lo destine. Para cumplir el llamado de Dios de cosechar, hay recursos materiales que también tienen que estar desbloqueados. Sin la riqueza necesaria para cosechar el campo, éste queda en barbecho. Note cómo presenta Mateo 9:36–38 el comisionamiento de los discípulos para salir al campo. Es así como comienza la autoridad apostólica.

Recuerde, estos eran los discípulos del Señor. La palabra *discípulo* significa "aprendiz". En cambio, la palabra *apóstol* (o *apostolos*) significa "un mensajero especial, un delegado, uno comisionado para una tarea o papel especial, uno que es enviado con un mensaje". La autoridad apostólica debe estar establecida en su campo para desbloquear la cosecha de ese campo. Luego, en Mateo 10, encontramos al Señor promoviendo y comisionando a sus discípulos en un nuevo ámbito apostólico para ir y cultivar la cosecha donde Él los envió.

Cada vez que entramos en una nueva etapa de la historia, el Señor desata nueva autoridad, comisiona a un nuevo liderazgo, hace que un pueblo desee un nuevo nivel de su santidad, comunica nuevas estrategias para la victoria, y transfiere el poder de adquirir riqueza para que los propósitos de su Reino puedan ser establecidos. Así como el Señor esperó 470 años antes de que su pueblo estuviera listo a "entrar en" y cumplir la promesa que le hizo a Abraham, creo que hoy está esperando por nosotros.

Nuestras mentes deben pensar en el INCREMENTO. Uno de los más importantes modos de pensar que debemos tener es un entendimiento bíblico del *incremento.* Cuando miramos el incremento en la Palabra de Dios, vemos que está conectado con el gobierno. Isaías 9:7 dice: "Lo dilatado de su imperio y la paz no tendrán límite". El incremento es también un principio de cosecha. El incremento crece a través de la fe y sigue al esfuerzo y hechos vinculados con la fe. El incremento resulta de conectarse el uno al otro. Es necesario que nos conectemos y adquiramos fuerza en medidas múltiples y corporativas como opuesto a la independencia. El incremento es también una recompensa por la obediencia. Hay júbilo en la obediencia, y el júbilo hace que nuestra fuerza se incremente. Y desde la fuerza somos capaces de desarrollar el plan estratégico de Dios para el futuro.

¿Qué es la riqueza?

Hay varias maneras de ver la riqueza en la Biblia. Sin embargo, el Señor nos dice en Deuteronomio 8:18: "acuérdate de Jehová tu Dios, porque él te da el *poder* para hacer las *riquezas*, a fin de confirmar su pacto que juró a tus padres" (énfasis añadido). *Poder* significa "vigor, fuerza, fortaleza o capacidad, ya sea física, mental, o espiritual". *Riqueza* significa "sustancia material, fuerza y botín de guerra necesario para cumplir el plan de Dios en la tierra". La Biblia tiene dos actitudes básicas hacia la riqueza: una en que es la bendición de Dios, y otra en que la riqueza es adorada como un ídolo. La riqueza es reconocida como una bendición de Dios. Todos los patriarcas llegaron a ser muy ricos. La riqueza de Solomón fue vista como favor de Dios. Job tenía riqueza, la perdió, y luego recuperó una doble porción.

Jesús nos advirtió que debemos multiplicar cuanto tengamos (Lucas 19). Sin embargo, nos advirtió que perseguir las riquezas y el placer podía impedir que nuestra fe madurase. Jesús vio el dinero o la riqueza como un poder espiritual (Mt. 6:24), por lo cual nos advirtió que no lo dejemos convertirse en un rival de Dios. Los cristianos deben ver la riqueza solamente como algo para ser usado para el progreso del reino de Dios. Aproximándosenos una de las mayores cosechas espirituales jamás vistas por una generación sobre la tierra, debemos empezar a ver una transferencia de riqueza como la que leímos en el libro de Josué. Ésta es una etapa de la historia en que la riqueza tiene que ser canalizada en ministerios que sirven a las personas y difunden el evangelio.

No tema el concepto de riqueza. No debemos tenerle miedo al concepto de cosechar lo que Dios nos ha dado para que cosechemos. No debemos tener miedo de multiplicar e incrementar. El dinero en sí no es malo. Primera Timoteo 6:10 dice: "Raíz de todos los males es el amor al dinero". Esto no quiere decir que el dinero sea malvado o amoral. La moralidad del dinero viene de la persona que usa ese dinero. Nunca debemos confundir el dinero con la actitud de nuestro corazón.

Resista la idea de que ser pobre es espiritual. Esta enseñanza tiene sus raíces en el pensamiento pagano llamada *docetismo*, que dice que la materia es mala y la mente es buena. El docetismo ha causado muchos problemas al Cristianismo, incluyendo la separación entre lo sagrado y secular. También debemos separar nuestro valor personal de cuánto dinero poseemos. Nuestra valía no está vinculada al dinero que tenemos sino a nuestra administración para Dios. Una vez que estas maneras de pensar son anuladas, somos libres para ir mirando el campo de cosecha del que somos parte y preguntarle al Señor cómo podemos cosechar ese campo. Esto también nos da la visión y el enfoque para derrocar cualquier cosa que se oponga al llamado a cosechar que Dios puso en nuestra vida para nuestro campo.

Evite las trampas conectadas con la riqueza. Cuando consideramos la cuestión de la riqueza, tenemos que ser conscientes de que hay trampas muy reales a evitar. Cuando vamos contra un enemigo para luchar por la transferencia de la riqueza al reino de Dios, debemos guardarnos a nosotros mismos del *amor al dinero* (1 Ti. 6:10). *Philarguria* se refiere a la avaricia, que es la insaciable avidez de riqueza, y la codicia: deseo desordenado o injusto de posesiones de otros. Si no somos cuidadosos, éste es el fruto que el dinero puede producir en nuestros corazones. *El engaño de las riquezas* (Mr 4:19) es otro asunto del que debemos estar conscientes. Esto se refiere principalmente a la percepción del poder que viene con el dinero. Esto produce una actitud de corazón que trata de manipular a través de falsos pretextos y apariencias.

El dinero es bueno cuando es nuestro servidor. Pero cuando nos hacemos esclavos bajo su dominio, estamos en problemas. En la Palabra hay personas que fueron maldecidas por la riqueza, o por tener motivos impuros para adquirir riqueza, como Judas, Esaú,

Giezi, Ananías y Safira, Lot y Acán. Quedaron atrapados en deseos impuros. Cuando avanzamos contra el enemigo, debemos renunciar a toda cuestión encubierta que esté atada al dinero.

No codiciar. La verdadera raíz que hace que usemos incorrectamente o administremos mal la riqueza es la codicia. Lucas 12:15 dice esto: "Mirad y guardaos de toda codicia, porque, aun en la abundancia, la vida de uno no está asegurada por sus bienes" (BJ). *Codiciar* significa tener un fuerte deseo de algo. Este pecado está conectado con el deseo emocional descontrolado, desordenado y egoísta. Es por eso que al enemigo le encanta conducirnos a ilícitas formas de idolatría. La idolatría desvía nuestros deseos de un Dios santo a formas de lascivia plenamente carnales, inspiradas demoníacamente. Es lo que Santiago dice en Santiago 4:1: "¿De dónde vienen las guerras y los pleitos entre vosotros? ¿No es de vuestras pasiones, las cuales combaten en vuestros miembros?".

Manténgase en el tiempo del pacto de Dios. Debemos detectar en nuestras propias vidas cualesquiera de los patrones de la lista de arriba. Si usted obtiene la riqueza de Dios fuera del tiempo y la manera de Dios, recibirá la maldición que está sobre esa riqueza. Mucho dinero tiene maldiciones atadas a él. Por lo tanto, si usted no sabe cómo quebrar la maldición antes de conseguir el dinero, recibirá la maldición que viene con el dinero. Como Malaquías 3 nos dice, una manera de quebrar la maldición del dinero es diezmar y dar ofrendas. Debemos orar por el cuerpo de Cristo en esta área.

¡Fíjese en la hormiga! En *The Future War of the Church* (La futura guerra de la iglesia), escribí sobre la guerra de la *transferencia de riqueza.* Esa sección habla de la sabiduría de una hormiga. Debemos tener una mentalidad de administración antes de que el Señor suelte la riqueza. Debemos perseverar contra todas las probabilidades y estrategias de derrota. Ésta es una característica necesaria de Dios, que necesitamos para establecer el reino. "Los planes bien meditados dan buen resultado; los que se hacen a

la ligera causan la ruina" (Pr. 21:5, DHH). "¿De qué le sirve al necio poseer dinero? ¿Podrá adquirir sabiduría si le faltan sesos?"(Pr. 17:16, NVI). Tenemos que comprender tanto los asuntos de dinero como que la sabiduría desarma a los demonios. ¡De modo que, si usted está pidiendo dinero, consiga sabiduría también!

Un día mientras volaba por razones del ministerio, tuve una visión. Vi una hormiga. Entonces el Señor me recordó rápidamente los siguientes versículos: "¡Anda, perezoso, fíjate en la hormiga! ¡Fíjate en lo que hace, y adquiere sabiduría! No tiene quien la mande, ni quien la vigile ni gobierne; con todo, en el verano almacena provisiones y durante la cosecha recoge alimentos. Perezoso, ¿cuánto tiempo más seguirás acostado? ¿Cuándo despertarás de tu sueño? Un corto sueño, una breve siesta, un pequeño descanso, cruzado de brazos… ¡y te asaltará la pobreza como un bandido, y la escasez como un hombre armado!" (Pr. 6:6-11). La hormiga es un ejemplo de la sabiduría de asegurar en verano las necesidades del invierno. No todas las hormigas almacenan semillas para usar en invierno, pero entre las hormigas de Palestina hay algunas especies que lo hacen. Sus bien marcados senderos se ven a menudo alrededor de las eras de trillar palestinas y en otros lugares donde se pueden obtener semillas. El sendero se extiende a veces a gran distancia del nido.

En cada país del mundo entero la hormiga es proverbial para la industria. He aquí algunos hechos importantes concernientes a la hormiga para que usted los considere:

1. Las hormigas pueden guardar inmensas reservas de granos en sus nidos.

2. Para facilitarlo, ubican sus nidos lo más cerca posible de los lugares donde el grano es trillado o guardado.

3. El grano les provee alimento durante la época de invierno.

De este ejemplo de la Palabra de Dios vemos que requiere diligencia y perseverancia obtener el suministro necesario para lograr los propósitos de Dios.

Robarle a Dios es una de las grandes iniquidades heredadas en una familia. Vengo de una familia que tenía mucho potencial para prosperar. Mi papá fue un hombre creativo, que alcanzó su posición gracias a sus propios esfuerzos, quien probablemente sentía que la *falta* de dinero era la raíz de todo mal. Parecía que todo lo que tocaba prosperaba. Realmente no le preocupaba un currículo grandioso. Sentía que usted debía tener éxito y prosperar en cuanto hiciera, y se multiplicaría. Sin embargo, nunca dominó realmente el poder del dinero. El dinero y la riqueza tienen poder, y si usted no pone ese poder bajo la sujeción al Espíritu Santo, lo agobiará y lo atrapará. Por lo tanto, cayó en la codicia y en conflictos por la riqueza. Su habilidad para tener éxito lo condujo a olvidar a Dios. Al olvidar a Dios, olvidaba la parte de Dios. Creo que eso fue su perdición. Malaquías 3:10 dice: "Traed todos los diezmos al alfolí y haya alimento en mi casa; y probadme ahora en esto, dice Jehová de los ejércitos, si no os abriré las ventanas de los cielos, y derramaré sobre vosotros bendición hasta que sobreabunde". Creo si usted se olvida de esto, caerá bajo una maldición. Aunque Jesús murió para liberarnos de la maldición, para prosperar debemos estar de acuerdo con los límites y principios que nos ha dado a través de toda la Palabra. Por supuesto, enseñó mucho más que meramente dar el diezmo. Enseñó la suprema entrega de sí mismo y de todos los deseos vinculados con uno mismo. Él quería que todos nuestros deseos se sujetaran a su señorío.

Usted puede leer mi testimonio completo en *Possessing Your Inheritance* (Posea su herencia). Es un libro increíble sobre la restauración. Mi papá violó la escritura anterior, y la abundancia que le había sido dada para administrar se perdió. En cuanto Dios me mostró que podía restaurar lo que había sido devorado por el enemigo, me reveló el poder del dar. Creo que dar no sólo de sus recursos sino también de su tiempo, mente, corazón, voluntad y emoción puede desbloquear cualquier destino. Un área clave para considerar es si sus generaciones han robado a Dios. Si usted descubre que éste es su caso, es importante que lo confiese como pecado y rompa el poder de la inclinación inicua que se ha desarrollado en su linaje. Esto liberará poder para que usted asegure la herencia para su futuro. Para decirlo de otra manera, usted tendrá la fuerza para cosechar su Canaán.

Esto es uno tiempo en que Dios nos está dando estrategias para los campos de cosecha. Deuteronomio 8:18 dice: "Sino acuérdate de Jehová tu Dios, porque él te da el poder para hacer las riquezas, a fin de confirmar su pacto que juró a tus padres, como en este día". El Señor dijo esto cuando preparó a un pueblo para estar listo para entrar en la tierra que le prometió. Él sabía que estarían en guerra espiritual con Mamón[d]. Cuando usted estudia la historia canaanita, descubre que el dios que los regía era Mamón[d]. La asignación o misión que Josué y las tribus de Israel tuvieron que cumplir era la transferencia de la riqueza de todos los habitantes de esa región al plan del pacto del reino de Dios. Por lo tanto, Mamón[d] tuvo que ser derrotado, y la riqueza puesta bajo su falsa adoración fue transferida.

Hay dos sistemas económicos en la tierra. Dios tiene un sistema económico, y enseña la necesidad de ser un buen administrador de este sistema. Satanás tiene otro sistema económico. Mamón[d] gobierna este sistema. Este dios, mediante fuerzas demoníacas, controla la administración, la transferencia y distribución de la riqueza dentro de este sistema. Mateo 6:24 es un gran versículo para comprender. Dice: "Ninguno puede servir a dos señores; porque o aborrecerá al uno y amará al otro, o estimará al uno y menospreciará al otro. No podéis servir a Dios y a las riquezas (Mamón[d])".

Mamón[d] controla todo el mundo de las finanzas, especialmente las cuestiones de *suministro* y *distribución*. Mamón es asistido por otros demonios en la administración, transferencia, y transmisión de la riqueza. Mamón es tanto un príncipe de la economía como un príncipe de las religiones. Mamón está relacionado con el sistema de Babilonia. Proverbios 13:22 dice que podemos transferir el *kjáil* de los pecadores al justo. La riqueza o *kjáil* significa poderío, fuerza, poder, ejército, caudales, botín de guerra, y fruto de la guerra.

Usted ha sido redimido para ser rico en Él. Usted está llamado a que no le falte nada. El Señor es mi pastor. Sígalo en la nueva visión, libertad y provisión.

<u>Notas a la traducción:</u>

a. **Marpé,** H4832 de Strong, tiene entre otras acepciones las de *salud*, *salvación*. Así, en Malaquías 4:2 el término se traduce en Reina Valera 1960 y 1995 como *salvación*, pero muchas otras versiones, como NVI, LBLA, DHH, Biblia de Jerusalén, etc., lo vierten como *salud*.

b. **Tealá**, H8585 de Strong: *canal* (en el cual el agua se *eleva* para irrigación); también *vendaje* o *yeso* (como colocado *sobre* una herida):-acueducto, conducto, corriente, curación eficaz, zanja.

c. **Kejá**, H3545 de Strong: fig. alivio, i.e. cura:-medicina.

d. **Mamón**: Las versiones castellanas actuales traducen este término como "las riquezas". Sin embargo, en este apartado preferimos usar el término Mamón, como en el original inglés, porque alude tanto a las riquezas en sí mismas como al poder espiritual maligno que subyace tras ellas.

CONCLUSIÓN

CLAVES PARA CAMINAR EN GOZO VENCEDOR

USTED VENCERÁ, Y se convertirá en un miembro renovado de la reserva triunfante de Dios. Una unción fresca está a su alcance. Ríndase o ceda su espíritu a su Espíritu. Aprenda a recibir de Él. Acepte su poder. Deje que ocurra el divino intercambio de su sangre. Viva en la gloria divina. Deje atrás el trauma del pasado, y comience nuevo y fresco. Proteja sus emociones, y no se ofenda fácilmente. Obtenga revelación sobre sus fortalezas, y derribe los tronos de iniquidad. Exprese su fe adorando de una manera nueva. Reciba a las huestes angelicales que lo *conducirán* a una nueva dimensión de *progreso.* Capte la *nueva ola* del Espíritu Santo, anímese y *despierte* al mejor propósito de Dios. ¡Deje que estalle el flujo sanador de Dios! Espere una visitación divina del Señor, y *vea* sus obras sobrenaturales en su vida. Declare que las semillas que usted ha sembrado ya están listas para *brotar*, crecer y florecer. Optimice sus recursos y desarrolle estrategias de multiplicación.

ÉL LO HA REDIMIDO Y RECUPERARÁ SU VISIÓN (SALMO 23)

Sin una visión o revelación profética usted perece. La visión perdida es uno de los procesos más difíciles de recuperar en la vida. Cuando la visión está perdida, usted empieza a ir hacia atrás. Si no puede volver a la claridad del sendero que Dios tiene para usted, se encontrará consumiéndose y malgastando el tiempo. Descubro que perdemos la visión porque perdemos la interacción con el Espíritu Santo del don profético que produce nuestra siguiente instrucción. Todos profetizamos de acuerdo con la medida de nuestra fe. Siempre ruego que Él restituya el llamado profético a una persona que se ha extraviado en medio de pruebas y circunstancias (Salmos 105:19). Él puede restituir las relaciones perdidas y rotas (Is. 58:12). Puede reiniciar su reloj espiritual y adelantar sus promesas retrasadas (2 Co. 1:20). Puede hacer que la fe se renueve y curar su corazón y alma y hacer que usted se levante con nuevas fuerzas.

Usted tiene acceso sin precedentes

¡Entre audazmente en la habitación del trono! Él lo está esperando. Sea como Ester, y pida favor. Sea como José, y vista un nuevo manto de favor dondequiera que esté ubicado. El favor, incluso en el confinamiento, le abrirá una nueva puerta de entrada. Pida al Señor qué "cosa" tiene que hacer usted para desbloquear su próxima fase. Jesús tuvo que ser bautizado por Juan. Deje que su derecho se levante. El Señor está anhelando coronarlo con justicia. No permita que la voz condenadora del acusador le impida llevar esa corona. El dominio viene cuando llevamos la corona (Salmos 9). Somos la justicia de Dios en Cristo Jesús, pero usted debe llevar la corona de esa justicia. Nuestra justicia debe volverse experiencial. Manténgase firme en su justicia. Afirme su rostro para obedecer y hacer lo que lo mantendrá en el lugar correcto para que el enemigo no pueda acusarlo después por no hacer algo que usted debería haber hecho. Pida al Señor que reforme los cimientos de su posición. Usted puede tener que hacer un cambio porque los cimientos sobre los cuales se paraba en la época pasada están demasiado tambaleantes para que usted se pare en ellos en la próxima etapa. Permita que el Señor solidifique su posición para que usted camine en la plenitud que lo hará florecer.

No deje que *ladrones del gozo* le impidan experimentar lo mejor de Dios. El Espíritu de Dios se asegurará de que usted celebre. Si le parece que su celebración está disminuyendo, sólo pídale que le suelte una unción de *alegría*. Esto lo santificará y hará que usted se apresure a pasar de esa etapa vieja. Pare y oiga a los árboles aplaudir con alegría. Cuando escuche al viento soplar en las moreras, usted recibirá una nueva estrategia para venir desde atrás y vencer al enemigo que ha bloqueado su sendero. Mire dónde soplan los vientos. Capte el viento. Usted puede captarlo rápidamente. Múdese a ese nuevo lugar de victoria. Usted sorprenderá al enemigo. El Señor está diciendo: "Te advertiré con anticipación para que puedas cambiar la dirección de tu recorrido".

Pida que su sistema de raíces sea reformado y que las profundas raíces de justicia en usted sean regados y empiecen a florecer. Pida al Señor que ya no le dé más leche. Empiece a digerir la *proteína* que el Señor le está dando en este tiempo. Declare que usted atravesará la puerta de la vida con un nuevo tipo de alimentación. Salga de su viejo lugar con júbilo, deleite y felicidad.

Pida un realineamiento de los deseos de su corazón con los deseos del corazón de Dios. Luego pídale al Señor que le permita escuchar el silencio de los cielos. En la mitad de su caos, pídale que lo deje escuchar la quietud de su sombra. Pídale que lo deje escuchar sonidos que usted no ha oído. Dígale que usted está escuchando, y déjelo hacer circular la atmósfera del cielo alrededor de usted. Pídale que cause y active su cambio atmosférico. Deje pasar las preocupaciones del día para escuchar la voluntad del cielo. No salga en sus propias fuerzas. Espere que el corazón palpitante de Dios propulse la sangre en su corazón. No contienda sobre la forma en que otros avanzan. Quítese de encima la ansiedad, y deje de cuestionar cómo alguna vez conseguirá hacer todo para poder avanzar hacia los mejores días que lo aguardan.

Deje a su corazón estar tranquilo y saberlo

El Señor tiene esta palabra profética para usted:

"Mi corazón no está ansioso. Espere a mi corazón para alinear el suyo. Quédese a tiempo con mi latido. Siéntese delante de Mí y escuche, y estará energizado para poner en orden todo lo que parece confuso o que está trayendo desorganización a su vida. El latir de mi corazón posiciona mi arca. Usted no puede avanzar en esta hora sin mi presencia así que debe esperar el emplazamiento de mi presencia. Déme espacio. Si usted camina demasiado rápidamente, tropezará. Deje que el arca vaya delante de usted. En mi presencia usted estará firme. En mi presencia usted verá su camino. En mi presencia usted verá a su enemigo. Así que mire hacia arriba, porque los cielos están claros. Aunque hay niebla y escombros en su sendero, los cielos están claros ante usted. En mi presencia usted es consciente de todo cuanto lo rodea. Usted sabe cuándo doblar a la derecha y cuándo doblar a la izquierda. Su planificación del tiempo está permitiendo que el enemigo entre y encuentre una manera de cambiar el tiempo y establecer estructuras legalistas. Usted no está eligiendo lo mejor. Lo mejor es lo que mi corazón tiene para usted. Permita que mi corazón lata dentro de usted para que lo mejor pueda ser suyo. Soy un Dios que puede moverse tan fácilmente detrás como delante de usted. Alinéese a sí mismo conmigo, y abriré el camino y lo guardaré de sus errores para que no puedan volver a alcanzarlo.

"No vadee demasiado rápidamente el próximo arroyo que tenga por delante. Es engañoso y más profundo de lo que usted cree. Permita que mi presencia vaya delante de usted, y verá cómo la base de ese lugar se convierte en camino ante sus ojos. Usted verá tierra seca antes de caminar por el río que habría intentado barrerlo. Deje que mi presencia prepare el camino delante de usted.

"Podré redirigirlo moviéndolo hacia la derecha y luego hacia la izquierda para evitar el choque que ya está en su camino. Lo que le habría golpeado la cabeza encontrará su camino más allá de usted, y usted encontrará el sendero que lo traerá a la plena realización de su vida.

"La preocupación que usted tiene sobre su provisión lo está sacando de tiempo y haciéndolo adelantarse a lo que tengo para usted. Quédese en mi presencia así podrá ver el sendero de abastecimiento que tiene delante de usted.

"Muchos de ustedes están buscando liberación, pero ese sendero no ha se formado, y mi arca aún no ha entrado en su camino. Espere hasta que vea mi presencia empezar a transformar y abrir y hacer la cirugía, entonces la liberación vendrá rápidamente. Mi sendero es un sendero de libertad. No es uno en el que se deba luchar para entrar y andar.

"Ahora mi corazón latirá con el suyo, porque usted ha cruzado a un nuevo comienzo. ¡Deje que mi arca vaya primero! Deje que mi arca vaya delante de usted. Éste será un tiempo de empezar y parar. Debido al nuevo comienzo en el que está, usted debe empezar y parar conmigo. Usted no debe tratar de acercárseme sin que lo llame para hacerlo. Usted no debe ir a una plataforma sobre la cual no lo llamé a subir, porque allí los vientos serían demasiado enérgicos para usted. Los vientos serían demasiado fuertes para usted y saldría volando en lugar de poder ver su próximo paso.

"No celebre demasiado rápidamente ante Mí. Mire y espere, y se verá celebrando; usted verá la victoria delante y será liberado en la plenitud de la próxima guerra que tengo para usted.

"Porque hay una belleza que traigo cuando vengo. No importa cuán torrencial parezca a su alrededor, se desplegará ante usted. Porque usted aún no ha comprendido la causa de que su libertad fuera plegada. Pero ahora traeré los cambios que la desplegarán. Soy un Dios que mira cada decisión. Soy un Dios de la historia. Soy el Dios de la historia. En el pasado tomé decisiones que debo ahora desplegar y establecer en un nuevo orden. Le hablo a mi pueblo para que se mantenga santo. Porque usted ha permitido que sus emociones se fragmentaran y separarlas. Debe haber santidad en mi pueblo remanente en esta hora.

"Porque hay un retorno divino ahora que mi pueblo debe tomar la tierra. Usted debe retroceder y mirarme ir delante de usted. Soy un Dios que va delante de usted. Usted debe comprender que Yo conozco el camino este día. Retroceda antes de que su sendero empiece a dividirse en caminos que harían que mi ejército no se alineara apropiadamente. Retroceda y vuelva a su lugar de descanso. Regrese a un lugar de divino descanso en Mí. Me levantaré en usted fe que ha sido embotellada y taponada. Haré que su misión entre en un nuevo orden. Hay un retorno divino.

"Porque tendré un pueblo que levantará en medio del caos futuro. Estoy llamando a muchos que han estado dormidos a despertar en esta hora, porque las maldiciones los han atado, y el dragón ha respirado y detenido a mis santos para que no comenzaran a soltar a los cautivos. Pero hay un sonido que está produciendo un despertar. Mi pueblo se está levantando. En medio del caos en los días venideros habrá unidad en mi pueblo. Se pondrán de pie, enlazarán sus brazos, y volverán a marchar por las calles.

"Este es un tiempo en que usted debe estar en guerra para avanzar. Porque el enemigo está contendiendo por el sendero por el cual usted entraría en el futuro. Permita que su voluntad se alinee conmigo. Decídase a alabarme, y soltaré la unción para que usted lo sienta. Cuando Yo lo llene, usted se abrirá paso como nunca antes. Déjeme asir su voluntad y escoja este día a quien servirá.

"Porque éste es un tiempo de promoción y expansión. Usted no está viendo desde mis ojos. Sé a quienes colocaré en su nuevo lugar ahora. El enemigo sabe que la unción está viniendo. ¡Así que reagrúpese! ¡Reagrúpese! No permita que esa fuerza religiosa del orden de su época anterior le impida oír cómo lo voy a cambiar de lugar en esta etapa. Éste es el tiempo en que haré que usted entre en un lugar que no ha conocido. ¡Usted sorprenderá al enemigo!

"Muchos de ustedes han tratado de entrar en un lugar donde sabían que debían ir pero el enemigo les ha bloqueado el camino. Ahora Yo estoy de pie del otro lado de la puerta. Cuando el enemigo lo quiera hacer retroceder, sepa que voy a estar parado detrás de él. Así que ¡no retroceda! Enfréntelo y Yo vendré desde atrás y sorprenderé al enemigo en esta hora."

LEVE ANCLAS Y ATRAPE EL VIENTO HACIA NUEVAS FRONTERAS

Al final de 2008, el Señor me habló de una manera inusual. Aquel domingo por la mañana fue uno de esos momentos sorpresivos en que Él vino repentinamente y empezó a dar a conocer la revelación para los días por venir. Esto resultaba inusual después de todos los festejos de Acción de Gracias, pero el tiempo del Señor es perfecto. Estas palabras proféticas del Señor pueden ser usadas por usted durante su tiempo de oración.

"Éste es un tiempo en que volveré a encender un fuego, revolveré el rescoldo, y mi pueblo se volverá a encender. Volveré a tener un pueblo que arde. Ésta será una época como ninguna otra que usted haya conocido. Ésta será una época de redefinir las fronteras. Yo *estoy* entrando en su vida y en su esfera de autoridad para ajustar sus fronteras de una nueva manera. Estaré reorganizando el camino por el que ha caminado. Sus finanzas tendrán nuevas fronteras. Su visión tendrá nuevas fronteras, y muchos serán ubicados en nuevos territorios. La manera en que usted adora y expresa mi amor tendrá nuevas fronteras, porque en los días pasados sus pruebas han sacado sus emociones de su lugar permanente en Mí. Sus pasiones deben tener nuevas fronteras, y sus deseos deben ser encapsulados de una nueva manera. Esto hará que usted arda otra vez. ¡Debo tener un fuego en mi pueblo en esta hora!

"Debo juntar las brasas que han sido esparcidas, porque en la estación pasada usted estuvo distraído en muchas áreas. Juntaré sus emociones distraídas y las colocaré en un nuevo lugar dentro de usted. Tengo que juntar las brasas para poder soplarlas y crear una nueva llama. No resista las nuevas fronteras. No resista la manera en que haré que usted ejecute sus tareas en esta temporada. Éste es tiempo de volver a producir el fuego. Yo *soy* el fuego así que ¡déme la libertad de *quemar*!

"Liberaré un viento que soplará sobre las brasas y el rescoldo que yacen aletargados, ardiendo dentro de usted. Hoy es un día de que resuene un sonido dentro del corazón de mi pueblo. Lo que usted está escuchando en su corazón es mi sonido, lleno de mi amor, el amor del Padre.

"El viento vendrá suavemente al principio, pero antes de marzo será un torrente sobre usted. Reciba el viento apacible que empezará a soplar hoy, que lo empujará dentro de las fronteras que tengo para usted. No se resista a mi viento. Si resiste el soplar de mi viento y las fronteras que están siendo reformadas alrededor de usted, mi viento se volverá adversario suyo. Si usted recibe mi viento y sus nuevas fronteras, me volveré adversario de sus adversarios. En marzo, habrá vientos conflictivos, opositores. Por lo tanto, usted debe tener sus pies plantados, estar posicionado. Reciba el viento apacible ahora al principio, porque mis vientos crecerán, y los vientos del enemigo también crecerán, y usted verá llegar los remolinos antes de marzo. Si usted no planta sus pies y reenfoca nuevamente su visión, usted será soplado fuera de la cerca de las fronteras que le he dado, y dirá: "Señor, estoy divagando otra vez. Una guerra en este campo y la comida en este campo no son lo que necesito para mi futuro. ¿Cómo llegué aquí?"

Mi hermano, Keith Pierce, tuvo una visión durante un momento de oración cuando el Señor empezó a hablarme a mí. Ésto es lo que vio y escuchó del Señor:

"El Señor me mostró que algunas personas habían dejado sus velas bajas. Como un acto profético, si usted empieza a levanta sus velas, Dios liberará el viento para sacarlo de un lugar problemático, y usted empezará a ganar velocidad para avanzar de una nueva manera". Donde el deambular y el desierto se le han pegado, el Señor dice: "Levante sus velas. Estoy liberando el viento para que en este día usted pueda ganar velocidad para entrar en la plenitud de marzo, donde habrá un nuevo rugido del león de la tribu de Judá. Estoy edificando a mi pueblo y reuniéndolo en este día así que levante sus velas y capte el viento. Alce la vela de su expectación, porque ha perdido el poder de estar expectante de que Yo haré algo. Si hoy levanta hoy una vela de expectación, Yo enviaré un viento suave que restaurará su deseo y sus emociones dentro de las nuevas fronteras que estoy ajustando. Levante hoy su vela de expectativa, y navegará para un nuevo puerto en días por venir. Levante hoy la vela de su expectación".

Fuimos llevados a pedir perdón por haber dejado bajas nuestras velas en medio de un tiempo de crisis en lugar de esforzarnos para atravesar las aguas adversas hasta el otro lado. Pedí al Señor que nos perdonara por permitir en la temporada pasada que nuestras expectativas disminuyeran y cayeran. El Espíritu de Dios empezó a hablar otra vez: "Estoy reordenando sus fronteras, y ustedes tendrán que *levar velas* en estas nuevas fronteras porque las dejaron bajadas en sus fronteras antiguas. Levanten sus velas ahora de una nueva forma, y vean que un nuevo viento empieza a entrar en las nuevas fronteras que prepararé para ustedes este mes. ¡Vayan! No se preocupen por la disminución de sus recursos. No se preocupen por llegar al final en esta temporada. Ustedes levarán velas en esta nueva frontera, y el viento soplará, y ustedes navegarán hacia un nuevo puerto".

Me encanta cómo trabaja el Cuerpo de Cristo cuando somos libres para expresarnos a nosotros mismos. Otra persona empezó a profetizar:

"El pesar es como un ancla. Muchos en esta hora han dejado caer un ancla de pesar que los está sujetando a su lugar. Corte la soga conectada con el ancla del pesar. Usted podrá ser llevado por la corriente por un momento, pero por lo menos empezará a moverse otra vez. La esperanza reside en el futuro. El pesar reside en el pasado. Corte el pesar para que, en cuanto usted levante las velas de su barco, mi viento puede captarlo y llevarlo más lejos de lo que usted podría haber pensado que pudiera ir, a lugares que ni siquiera ha soñado ser posible. Esta es la hora de levantar las velas, pero también de cortar todo pesar para que la esperanza puede convertirse en el ancla de su alma".

Me encontré mirando a las personas o pensando en ellas y declarando que levarían sus anclas y se alistarían para dirigirse a otra orilla. Podía mirar a alguien y encontrarme a mí mismo diciéndole: "¡Leve anclas!". A mediodía, escuché el Señor decir: "Decreté que aquello que ha estado zahiriendo a mi pueblo y burlándose de él para distraerlo y apartarlo de mis propósitos para sus vidas, y traerlos a un lugar donde están confusos o con problemas, será tratado de una nueva manera. Declaro que donde algunos han intentado colonizar e instalarse en una antigua orilla y rehusaron escuchar y entrar en lo que estoy haciendo, ahora recogerán el ancla, terminarán esa temporada, y empezarán a remar hacia una nueva orilla. Obsérveme traerlo a nuevas fronteras. Obsérveme hacer avanzar a mi pueblo. Si usted les dice que se levanten y entren en sus fronteras, no importa lo pequeña que sea o incluso si tienen que volver a empezar, los moveré de una nueva manera. Declaro que ahora es el tiempo de estar en el nuevo lugar al que los estoy llamando. Reforme sus fronteras conmigo. Alce sus velas, recoja el ancla, y espere que el viento llegue. Declare que esa temporada se acabó. Declare que los viejos pensamientos son arrancadas. Declare cambios en las alianzas. Deje ir las pérdidas. Libérese de las expectativas frustradas. Tengo nuevas tareas para usted. ¡Fluya hacia una nueva orilla!".

Nuevas rutas de comercio - Mire ahora cambiar su suministro

Durante esta mañana increíble, Keith me profetizó:

"Veo esta escritura sobre tu cabeza. Vi una luz aparecer sobre tu cabeza como un faro. Isaías 60 estaba brillando sobre tu cabeza cuando olas del mar que lamía tus pies comenzaron a agitarse. Esto hizo que embarcaciones empezaran a cambiar la dirección de sus rutas y cambien sus cursos y entren a nuevos puertos. El Señor dijo: "Viviste en Houston, que es una ciudad portuaria, y siempre has tenido gran amor por ella. Ha cambiado, y ahora estoy extendiendo el puerto tierra adentro hasta esta área. Empezaré a cavar desde Houston hasta aquí y el suministro que entra por el puerto de Houston hará su camino hasta aquí".

Keith leyó luego Isaías 60 sobre mí. He aquí algunos pasajes de ese capítulo:

> ¡Levántate y resplandece, que tu luz ha llegado! ¡La gloria del Señor brilla sobre ti! Mira, las tinieblas cubren la tierra, y una densa oscuridad se cierne sobre los pueblos. Pero la aurora del Señor brillará sobre ti; ¡sobre ti se manifestará su gloria! Las naciones serán guiadas por tu luz, y los reyes, por tu amanecer esplendoroso.
>
> Alza los ojos, mira a tu alrededor: todos se reúnen y acuden a ti. Tus hijos llegan desde lejos; a tus hijas las

> traen en brazos. Verás esto y te pondrás radiante de alegría; vibrará tu corazón y se henchirá de gozo; porque te traerán los tesoros del mar, y te llegarán las riquezas de las naciones. Te llenarás con caravanas de camellos, con dromedarios de Madián y de Efa. Vendrán todos los de Sabá, cargando oro e incienso y proclamando las alabanzas del Señor. En ti se reunirán todos los rebaños de Cedar, te servirán los carneros de Nebayot; subirán como ofrendas agradables sobre mi altar, y yo embelleceré mi templo glorioso.
>
> ¿Quiénes son los que pasan como nubes, y como palomas rumbo a su palomar? En mí esperarán las costas lejanas; a la cabeza vendrán los barcos de Tarsis trayendo de lejos a tus hijos, y con ellos su oro y su plata, para la honra del Señor tu Dios, el Santo de Israel, porque él te ha llenado de gloria.
>
> —Isaías 60:1—9, nvi

Redirigir las embarcaciones de suministro

"Ésta será una etapa de redirecionamiento de las embarcaciones de suministro. He mantenido embarcaciones en la bahía por un tiempo. Las he guardado en puerto, pero ahora tomaré embarcaciones desde lugares inusuales y las traeré a nuevos lugares. Haré que se levante un nuevo grupo que comprenda el comercio y el sistema de navegación. Ellos redirigirán las embarcaciones de suministro por todo el reino de la tierra. En las fronteras donde los coloque, aprenderás cómo el suministro está unido a su fuente. En otras palabras, si trabajas en Neiman Marcus, tendrás que saber cómo se hacen transacciones comerciales en lo de Neiman. Entonces daré a mi gente ubicada en posición adecuada la habilidad de redirigir y abrir nuevos sistemas de comercialización Si mi pueblo no comprende el poder del *redireccionamiento del comercio* en este momento, luego no podrán traer su suministro para el avance de mi reino. Éste es un tiempo de redireccionamiento de suministros y hacer líneas de suministros que estén formadas de maneras nuevas. Las líneas del suministro han estado circulando de una manera, pero ahora mi pueblo las redirigirá por toda la tierra.

"Usted sabrá cómo está siendo abastecido. Usted ha estado adquiriendo suministros, pero sin comprender el origen del producto. Por eso mi plan de ofrendar es tan importante. Sin ofrendar, usted no puede quebrar el poder del suministro recibido de una raíz mala. La mayor parte de la provisión que entra en sus manos procede de Mí. Sin embargo, debe ser santificada. Para todo lo que le permito administrar a mi favor, usted preguntará: "¿De dónde vino esto? ¿Cómo prospero cuando coloco mi mano sobre algo?". Esta será una etapa diferente para mi pueblo. Sus recursos no siempre serán "santos", pero pueden redimir la provisión. Mi pueblo lo sabrá y hará que se abran líneas de suministro que no están formadas. Harán que líneas que estaban cerradas sean reformadas. Estoy cambiando las líneas de suministro de las naciones, y las ciudades portuarias deben saber *ahora* que cambiarán. Mire los puertos de toda la tierra."

Los piratas están en el agua

"Habrá gran disputa para que las embarcaciones alcancen su destino. Aunque los piratas se han levantado para tomar el botín en los puertos, mi pueblo estará redirigiendo el botín, porque tienen la ley del botín incorporada dentro de ellos. Al tener la ley del botín en su interior, usted sabrá cómo hacer que líneas de suministro lleguen a mi casa. Incluso la industria aérea empezará a hacer un gran cambio en los días por venir. Usted debe conocer los patrones de vuelo y cómo están cambiando. Habrá un fenomenal cambio en la industria aérea en esta administración. Éste es un tiempo en que estoy afirmando nuevamente sus pies. Algunos dirán: "Soy llamado para 7-Eleven [red de estaciones de gasolina]". Otros dirán: "Fui llamado a los periódicos". Algunos están resistiendo el cambio al que los estoy llevando. Algunos dirán: "Soy llamado a la industria musical". Ustedes deben entender las líneas de suministros desde el origen. Deben ir al próximo nivel si quieren ver mi reino hacer su cambio en esta generación. No trate de comprenderlo usando destrezas y modos de pensar viejos. Porque el enemigo está desarrollando nuevas maneras de piratear el botín. Empiece a pensar de una manera nueva, porque avivaré su espíritu en el lugar en que Yo lo planto, y dondequiera que su mano se extiendan y toquen algo usted hará que el crecimiento ocurra. Cada contrato tendrá significado. Espere que las estructuras de suministro cambien."

Los maestros deben enseñar de manera diferente

"Digo a los maestros de la tierra, usted debe comprender los recursos que les he dado y cómo afectan a mi reino. Ustedes no han sido enviados al sistema escolar sólo para tener un empleo. Ustedes han sido puestos allí para ver los recursos que tengo en la próxima generación. Éste es un tiempo diferente. Ustedes todavía no han visto cómo haré que sea usada la próxima generación. Cambie la manera en que está enseñando. Usted verá las raíces.

"Éste es un nuevo día de conocimiento. Usted comprenderá el tráfico de drogas que se desarrolla a su alrededor. Usted comprenderá cómo el suministro está siendo cambiado ilegalmente, y daré a mi pueblo la habilidad de revertir ese cambio. Ustedes se han estado concentrando en lo que sucede en el comercio ilegal de la droga, pero no el sistema de Mamón que está detrás de él. Si permito que alguna droga llegue a un puerto, ustedes tendrán la habilidad de redirigirla al lugar correcto. Si usted me pregunta entonces, le revelaré, durante la noche, a dónde y qué ha llegado. Usted tendrá habilidad para impedir consumos ilegales.

"Tengo nuevas estrategias de suministro. Reunir mi suministro en nuevas líneas. Los estoy liberando de un sistema del que ustedes fueron parte. Este sistema ha producido espíritus familiares a su alrededor. Los estoy jalando fuera de ese sistema y recolocándolo por toda la tierra. Esto permitirá que ustedes reúnan el nuevo suministro en campos que ahora se están formando. Les mostraré la nueva provisión que está brotando a su alrededor. Usted hará que se forme el camino correcto para que esta provisión sea llevada a los puertos correctos.

"Ésta es una época diferente. Su mente todavía está en la etapa anterior, y es por eso que su fuego se está extinguiendo. Estoy rehaciendo el sistema de vivienda y abriendo casas para que mi pueblo se reúna así yo podré reposicionarlos en varias áreas. Observe lo que estoy haciendo. Vea la recesión de manera diferente de lo que lo hizo en el pasado, y prepárese. Algunos de ustedes necesitarán nuevas destrezas. Estén dispuestos a aprender de una manera nueva. Usted está dependiendo de su entendimiento y conocimientos del pasado. Esté dispuesto a aprender. Sepa que YO ESTOY haciendo y desenvolviendo sus conocimientos alrededor de las oportunidades que coloqué en su camino. Estudie para ser aprobado. ¡Pruébeme AHORA!

"Usted está entrando en una época de guerra sobre suministros durante los próximos siete años. Usted está siendo puesto en la primera línea para redireccionarlos. Observe cada sistema de canales. Observe los canales de Suez y de Panamá. Observe los sistemas de comercio que vienen y mire lo que YO ESTOY haciendo. Le mostraré barcos. Los barcos y los puertos que Yo le revelo son clave para su futuro en esta generación. Usted dirigirá embarcaciones de toda la tierra y para dónde llevarán abastecimiento a las naciones o desenvolvimiento de los planes del reino en esta hora.

No importa si están en el aire o en el mar o en el puerto, mi gente redirigirá ahora las naves de la tierra. Si usted está en una ciudad portuaria, ésta es su tarea: destruir los sistemas de Mamón y controlar qué está entrando a su puerto.

"Hay un cambio que está ocurriendo en la tierra. El enemigo ha tenido un sonido que ha hecho que las embarcaciones choquen contra las rocas. Pero estoy dando a mi pueblo un sonido que redirigirá las embarcaciones para que entren al puerto. Esto liberará abastecimientos que serán destinados a un avance del reino en esta hora. Reciba su sonido. Hay un cambio de dirección en las aguas, y las embarcaciones están estando redirigidas. Libere el sonido que le doy, y dirija mi suministro para su futuro al puerto correcto.

"No mire su trabajo en el desierto de la misma manera que lo ha visto en el pasado. Usted ha visto su trabajo como un trabajo subalterno. Cada puesto es una cita divina, no importa si usted esté por allí un día o por un año. YO SOY quien nombra y posiciona divinamente a mi gente para que entienda las líneas de suministro. YO SOY incluso quien les va a dar las embarcaciones del desierto. Ustedes han resistido su desierto y no han visto las embarcaciones del desierto y ha malversado y encauzado mal el suministro de su desierto. Éste es un tiempo, no importa dónde usted esté ubicado, para que adquiera las destrezas para la próxima etapa. No lo liberaré de su desierto hasta que usted entienda la línea de suministro de ese desierto. Si usted está siendo liberado, quiere decir que está listo para aprender algo nuevo de Mí. Ésta es una nueva época. Escúcheme ahora: ¡la época ha cambiado!

"Usted está tratando de cambiar el flujo del suministro y la manera en que las cosas se hacen. Usted está mirando a un gobierno y se está amargando por la manera en que el gobierno está haciendo las cosas. Vaya hasta las raíces de su amargura. Tengo un pueblo a quien puedo llevar hasta la raíz de los sistemas de estructuras controladoras, llegar a la raíz de la cual el suministro se originó, y redirigir el flujo del suministro. Le he dado a usted autoridad para decir: "Sécate". Usted tiene la autoridad de decir: "Fluye". Usted tiene la autoridad de decir: "Libera el fruto". Usted tiene la autoridad porque está injertado en mi plan de pacto de prosperidad. Porque está injertado, usted puede injertar nuevos hilos creativos que producirán nuevos prototipos. Muchos a quienes usted se reporta ahora endurecerán sus corazones respecto a usted. No se resista al entrenamiento que le estoy dando, porque debo templarlo para ciertas circunstancias hasta que usted comprenda que soy yo quien lo ha posicionado para que usted tome el botín que lo estoy entrenando para que tome en los días venideros. Usted está dependiendo de los viejos métodos de suministro, y ahora cambiarán, y usted tendrá sueños y visiones que derribarán las viejas metodologías y harán que nuevos sistemas aparezcan."

Una mujer en la iglesia empezó a cantar:

> Ya no estoy cómodo en mi zona de comodidad.
> El Señor me está empujando.
> Debo encontrar el oro en el desierto
> Y los ríos del aguas vivas dondequiera que esté.

El Señor continuó: "Venza a los espíritus de adivinación. La adivinación siempre estuvo ligada a los suministros y a la lujuria. Usted vencerá a la adivinación, y llevará a mi pueblo a vencerla en días por venir. Hay capacidad creativa en cada uno de ustedes, pero ustedes no comprenden la raíz del sistema Ustedes no comprenden cómo agarrar las oportunidades que les estoy trayendo. Están flotando bajo su nariz, y ustedes están inconscientes de las oportunidades que estoy produciendo diariamente a su alrededor. Este es un tiempo y una época diferentes. Usted no debe pensar religiosamente sino que debe ver lo que Yo quiero que vea.

"Salga, camine sobre las palabras habladas sobre usted en la época pasada, y entre en las palabras que han sido profetizadas para su futuro. Si usted entra en estas esas palabras y confía en mí, abriré puertas que lo sorprenderán. Usted se levantará en un llamado que no ha conocido. Por causa de ese llamado, usted brillará de nuevas maneras. Estoy cambiando alineamientos nacionales y lo he posicionado para un tiempo como éste. Aprenda y siga. Aunque probablemente no lo sepa, usted puede perder el tren que va para el lugar a donde debe ir.

"Usted se moverá de nuevas maneras para ver cómo multiplicar los recursos pasados y ganar nuevos recursos. Esta generación debe aprender sobre Mí, cantar sobre Mí, y moverse conmigo. Usted los guiará de una nueva manera y hará que ellos vean de maneras nuevas, dejando atrás sus viejos métodos de visión. Ésta no es una época de preconceptos. Usted está luchando por su futuro, y no tiene nada que ver con su linaje o raza. Usted está luchando por una liberación que YO SOY quien la está trayendo. YO SOY un Dios que purifica su sangre y hace que sea libre de las viejas iniquidades de su sangre, y Mi espíritu hará que su sangre se vuelva nueva. El nuevo flujo de sangre hará que su conciencia sea avivada para mí. YO SOY un Dios que libera cosas que estaban presas. Éste es su día de cambiar y reordenar. Usaré todo cuanto haya en su pasado. En lugar de ver cosas que no le gustan, haga una lista de las cosas que usted quiere saber, y no le limitaré mi revelación en esta hora. Lo haré un padre para de los sistemas de Faraón en días venideros, y usted administrará mis nuevos planes en la tierra.

"Los tiempos han cambiado. Cambia conmigo, porque eso será como una casa a la que lanzaré un llamado directo para el futuro de mi pueblo. Los que se alineen, los que se postren, los que entren dirán: "Estoy recibiendo mi revelación. Estoy reformando la manera en que hago las cosas. Debo librarme del sistema del que he sido parte y alinearme con el sistema que Dios me está dando. Adquiriré la revelación que necesito y tendré oídos para escuchar lo que mi Padre me está diciendo." Oiga cuidadosamente ahora porque los días de cambio están sobre usted. Usted no hará iglesia de la misma forma en que lo ha hecho en el pasado. Usted entrará en el flujo en que Yo lo he puesto, o perderá su camino para ir.

"LIBÉRESE de sus expectativas de la temporada espiritual anterior. No significan nada excepto que se convertirán en nueva fuerza para su futuro. Sus pérdidas y derrotas pueden ahora hacerse un puente de revelación de su futuro victorioso. Venza a las estructuras que entren en su camino. Dios hará que fuerzas demoníacas se levanten ante usted para que usted las desintegre y sean amarradas por un tiempo.

"¡Los camellos están aquí! Abra la puerta. El suministro ha vuelto. La circulación ha cambiado. Reciba los camellos. Porque hoy es un nuevo comienzo para los que han recibido mi palabra y están dispuestos a cambiar y captar el viento en sus velas. Las líneas de suministros han cambiado. Aproveche las nuevas líneas, y disfrute el viaje hasta su destino. No se preocupe por cómo va a hacerlo: sólo reciba la gracia que necesitará para hacer el cambio. Mi gracia es abundante en esta hora, y mi revelación está fluyendo libremente. Reciba, y usted prosperará en el futuro."

¡Guau! Recuerde: ¡usted tiene un acceso sin precedentes a la creatividad!

NOTAS

Capítulo 1

Las nuevas llamadas: usted puede hacer el cambio

1. World Trade Center, "Memorial and Museum" ("Monumento y museo"), http://www.wtc.com/about/memorial-and-musuem (consulta en línea 23 de diciembre de 2008).
2. "Barack Obama y Joe Biden", http://www.barackobama.com/index.php (consulta en línea 23 de diciembre de 2008).
3. De una comunicación personal datada el 5 de noviembre de 2008.
4. Chuck D. Pierce, *Cómo interpretar los tiempos* (Lake Mary, Casa Creación, 2008), 160.
5. Ibíd.., 161-163.
6. Chuck D. Pierce, *God's Unfolding Battle Plan* (Ventura, CA: Regal Books, 2007).

Capítulo 2

Cómo redimir el tiempo en la crisis del cambio

1. De una comunicación personal, 27 de octubre de 2008.
2. Pierce, *God's Unfolding Battle Plan,* 44-45.
3. Ibíd., 44.

Capítulo 3

Una reserva triunfante comprende cómo redimir el tiempo

1. Chuck D. Pierce, Rebecca Wagner Sytsema, *The Future War of the Church* (Ventura, CA: Regal Books, 2001, 2007).
2. Abraham Joshua Heschel, *God in Search of Man* (Dios en busca del hombre) (Nueva York: Farrar, Straus and Giroux, 1983), 201.
3. Dutch Sheets, *Roll Away Your Stone* (Bloomington, MN: Bethany House Publishers: Bethany, 2007), 18.
4. Ibíd., 19-20.
5. Heschel, *God in Search of Man* (Dios en busca del hombre), 201.
6. Los dos párrafos previos son citados de Check D. y Pam Pierce, *One Thing* (Una cosa) (Shippensburg, PA: Destiny Image Publishers, Inc., 2006), 43.
7. Pasaje tomado de George Swinnock, *The Works of George Swinnock* (Las obras de George Swinnock), citado en *Banner of Truth*, (Edimburgo: Banner of Truth, 1992).
8. *Works of Richard Sibbes* (Obras de Richard Sibbes), http://www.the-highway.com/imagination_Evans.html (consulta en línea 15 de agosto de 2008).

9. Esta sección sobre la enseñaza de mi esposa y de Dutch Sheets está tomada de mi libro *Cómo interpretar los tiempos*, páginas 11-12.
10. El *Webster's New World College Dictionary*, 4th ed., s.v. "careful" (cuidadoso).
11. Ibíd.
12. *Vine's Expository Dictionary of New Testament Words*, s.v. "akribos." Can be viewed at http://vines.mike-obrien.net/ (consulta en línea, 5 de enero de 2009). (Hay versión castellana: *Vine Diccionario Expositivo de Palabras del Antiguo y Nuevo Testamento*, Ed. Caribe, 2005.)
13. *Webster's New World College Dictionary*, s.v. "wise" (sacio).
14. Ibíd., s.v. "redeem" (redimir).
15. Esta cita de *Mero Cristianismo*, de C. S .Lewis, fue mencionada en: Chuck D. Pierce, *Cómo interpretar los tiempos*, 11.
16. *Vine's Expository Dictionary of New Testament Words*, s.v. "kairos." Can be viewed at http://vines.mike-obrien.net/ (consulta en línea, 5 de enero de 2009). (Hay versión castellana: *Vine Diccionario Expositivo de Palabras del Antiguo y Nuevo Testamento*, Ed. Caribe, 2005.)
17. Oswald Chambers, *The Complete Works of Oswald Chambers* (Obras completas de Oswald Chambers) (Grand Rapids, MI: Discovery House Publishers, 2000), 711-712.

Capítulo 4

Usted puede reformar su futuro e incluso su historia

1. Chuck D. Pierce, Rebecca Wagner Sytsema, *God's Now Time for Your Life* (Ventura CA: Regal Books, 2005), 47.
2. Comunicación personal.
3. Pierce y Sytsema, *God's Now Time for Your Life*, 50.
4. Chuck D. Pierce, Rebecca Wagner Sytsema, *Possessing Your Inheritance* (Ventura, CA: Regal Books, 1999), 74-75.
5. Definición adaptada del *Nelson's New Illustrated Bible Dictionary* Nashville, TN: Thomas Nelson Publishers, 1986).
6. Adaptado de Peter Koestenbaum y Peter Block, *Freedom and Accountability at Work: Applying Philosophic Insight to the Real World* (San Francisco, CA: Jossey-Bass/Pfeiffer, 2001), 90–96.

Capítulo 5

¡Usted puede volver a empezar!

1. Michael English, *The Prodigal Comes Home* (Nashville, TN: Thomas Nelson, 2007), 12. Permiso solicitado.
2. Ibíd, 198 - 199.
3. Charles van Doren, "All the Answers: The Quiz Show Scandals—and the Aftermath" ("Todas las respuestas: los escándalos del concurso de preguntas —y el periodo subsiguiente") *The New Yorker*, July 28, 2008. Permiso solicitado.
4. Ibíd.

5. Ibíd.
6. Ibíd.

Capítulo 6

Usted puede redimir todo lo que quedó atrás

1. Pierce, God's Unfolding Battle Plan, 107.
2. American Dictionary of the English Language (San Francisco, CA: Foundation for American Christian Education, 1987; republished facsimile edition of Noah Webster's first edition of an American Dictionary of the English Language), s.v. "secure" (seguro).
3. Pierce y Sytsema, *Possessing Your Inheritance.*
4. Fuchsia Pickett, *The Prophetic Romance* (El romance profético) (Lake Mary, FL: Charisma House, 1996), 9, 108.
5. Pierce y Sytsema, *The Future War of the Church*, Capítulo 9.

Capítulo 7

Redimir la salud, las riquezas y la integridad

1. Adaptado de *Nelson's Illustrated Bible Dictionary* (Nashville, TN: Thomas Nelson Publishers, 1986).
2. Pierce y Sytsema, *God's Now Time for Your Life*, 100 de Dios.
3. Robert A. Weinberg, PhD, Anthony L. Komaroff, MD, "Health for Life: Your Lifestyle, Your Genes, and Cancer" (Salud para vivir: su estilo de vida, sus genes y el cáncer"), *Newsweek*, 23 de junio de 2008. Permiso solicitado.
4. Ibíd.
5. Pierce, *God's Unfolding Battle Plan.*
6. Weinberg y Komaroff, Health for Life: Your Lifestyle, Your Genes, and Cancer.
7. Esta sección ha sido adaptada de: Chuck D. and Pamela J. Pierce, *One Thing* (Una cosa) (Shippensburg, PA: Destiny Image, 2006), 134–135..
8. Ibíd., 136 - 137.
9. Carl Zimmer, "The Brain" ("El cerebro"), *Discover*, agosto de 2008, 20–22. Permiso solicitado.
10. Esta sección fue adaptada de: Pierce and Sytsema, *God's Now Time For Your Life*, 107–108.

ICLV

Domingo 08 NOV. 2009